国家出版基金项目
NATIONAL PUBLICATION FOUNDATION
"十三五"国家重点出版物出版规划项目
新汉译世界高等教育名著丛书（第一辑）
丛书总主编　李子江　张斌贤

教育的意义

[美]尼古拉斯·默里·巴特勒（Nicholas Murray Butler）著
祝贺　江丹　译　於荣　校

浙江教育出版社·杭州

总序

20世纪90年代，浙江教育出版社出版了由王承绪先生主编的“汉译世界高等教育名著丛书”，在学术界产生了重要影响，丛书所收录的著作至今依然是高等教育学等相关学科学习和研究必备的学术文献。本世纪以来，多家出版社相继推出了多种高等教育著作译丛，例如“京师高等教育译丛”（北京师范大学出版社）、“国际高等教育译丛”（中国海洋大学出版社）、“世界高等教育研究名著译丛”（教育科学出版社）、“美国研究型大学探索译丛”（河北大学出版社）、“高等教育与全球化丛书”和“北大高等教育文库·大学之道丛书”（北京大学出版社）等。一些教育著作译丛虽然并非以高等教育为主要内容，但也包含了部分高等教育的译著，例如“影响力教育理论译丛”（华东师范大学出版社）、“非洲教育译丛”（浙江大学出版社）等。

国外高等教育著作的译介不仅满足了我国高等教育决策者、管理者以及公众了解其他国家和地区高等教育发展历史与现状的需要，而且有力促进了我国学者对高等教育的研究。只要将20世纪90年代高等教育研究状况与当下进行粗略对照，就可以清楚地看到我国20多年来高等教育研究的长足发展。这其中固然有诸多原因，但不可否认的是，广泛和充分吸收其他国家高等教育研究成果是一个非常关键的因素。同样不可否认的是，大量高等教育译著在其中发挥了不可替代的重要作用。

众所周知，中国现代高等教育机构和高等教育制度的建立是西学东渐的产物，迄今已逾百年。但是，由于种种原因，我国高等教育真正稳定发展的时间不过数十年。对于高等教育这样复杂的事业而言，几十年的经历实在是过于短暂了，而基于这些有限经验形成的认识则更具局限性。在当代社会急速变革的条件下，高等教育发展及其与社会的关系日趋复杂，如何合理认识高等教育的内在本质与职能，如何科学把握高等教育发展的方向，如何妥善处理高等教育内外部各种关系，更需要非同寻常的智慧、远见和胆识。而要拥有这一切，学习借鉴其他国家的实践经验，尤其是主导这些实践的思想观念，是必不可少的重要环节。

从更大的方面说，高等教育机构自建立之日起，就与文化传播、交流结下了“不解之缘”。不同文化教育之间的交流、相互影响始终是推动高等教育发展的重要动力。古希腊的学园对古代东方高等教育机构的借鉴，古罗马对希腊文明的吸纳，文艺复兴后欧洲各国在学术研究等方面的相互影响，尤其是近代以来，文化、学术、教育的交流在促进不同国家高等教育改革发展中的作用日益广泛、显著和重要。在一定意义上，一段高等教育的历史，同时也是不同文化、学术交流不断开展、推进和深化的历史。作为文化教育交流的重要途径，译著始终是这段历史的重要组成部分。

为适应我国高等教育改革发展的新形势，进一步丰富我国的高等教育研究，浙江教育出版社决定在已有基础上继续推进国外高等教育名著的译介，出版“新汉译世界高等教育名著丛书”。

丛书将按专题分辑出版。

丛书第一辑收录美国十二位著名大学校长的主要教育著作。他们是：哈佛大学校长埃利奥特（1869—1909年，任职期间，下同）和洛厄尔（1909—1933）、耶鲁大学校长波特（1871—1886）、密歇根大学校长塔潘（1852—1863）、霍普金斯大学校长吉尔曼（1875—1902）、哥伦比亚大学校长巴纳德（1864—1889）和巴特勒（1902—1945）、布朗大学校长威兰德（1826—1855）、芝加哥大学校长哈珀（1891—1906）、斯坦福大学校长乔丹（1891—1913）、克拉克大学校长霍尔（1888—1920）、纽约大学校长布朗（1911—1932，1906—1911年曾任美国联邦教育署署长）。

19世纪后期至20世纪前期是美国高等教育发展的关键时期。在这个时期，美国高等教育实现了从传统学院向现代大学的转变，完成了以学术职业化为核心的“学术革命”，建立了较为完整的高等教育制度，从而开创了“美国教育史的新纪元”。[①]

在这个前所未有的重大变革过程中，一个非常独特的现象是，在一个不太长的时期内集中出现了一批著名的大学校长。他们之所以著名，并非仅仅因为他们任职于著名的大学（事实上，在那个时期，至少与欧洲的古老大学相比，美国大学大多并不“著名”），而在于他们高瞻远瞩、审时度势，在于他们富有管理智慧和教育素养，更为重要的是在于他们有着高尚的人格、坚定的信念和远大的志向。正是在这些校长的努力下，哈佛大学等原本较为知名的大学“旧邦新命”，焕然一新；一些原本不知名的大学从平庸走向卓越，成为世界著名学府，美国由此开始成为世

---

① 劳伦斯·维塞. 美国现代大学的崛起[M]. 栾鸾，译. 北京：北京大学出版社，2011：1.

界高等教育强国。罗杰·盖格称这些校长为“巨人校长”，他们开创了美国高等教育史上独一无二的“巨人校长时代”。①

迄今为止，除克拉克·科尔、德雷克·博克等少数几位美国著名大学校长的著作之外，国内尚未有对美国大学校长著作的系统译介。“新汉译世界高等教育名著丛书”第一辑收录的这十二位校长的著作集中反映了他们关于高等教育的理解，以及他们的办学理念和管理经验。他们的思想和实践业已成为世界高等教育宝贵的精神财富。系统译介这些著名大学校长的教育著作，呈现优秀大学领导者的理念和实践，有助于了解这些校长的教育思想和治校方略，探讨高等教育发展的内在机制与社会保障机制，为我国高等教育的发展提供经验借鉴。我们相信，本丛书的出版将进一步深化我们对高等教育的认识，帮助我们不断学习借鉴世界一流大学的创建、改革实践经验，为推进我国建设世界一流大学的战略提供历史经验和启示。

在丛书第一辑即将付梓之际，我们由衷地感谢浙江教育出版社的大力支持。正是他们的远见卓识和专注于学术著作出版事业的坚定信念，才会有越来越多的学术经典问世。在现行科研评价体制下，学术著作的翻译得不到应有重视，从事翻译主要是出于译者对学术事业的热爱和追求，我们对参与丛书翻译、校对工作的各位同仁表示崇高的敬意。

李子江　张斌贤

2019年12月

① 约翰·塞林. 美国高等教育史（第二版）[M]. 孙益，等，译. 北京：北京大学出版社，2014：120.

译者序

一、巴特勒其人

尼古拉斯·默里·巴特勒（Nicholas Murray Butler）是美国著名教育家、政治家，1931年诺贝尔和平奖得主，哥伦比亚大学校史上第12任校长。巴特勒1862年出生在美国新泽西州的伊丽莎白市，1878年以优异的成绩就读于哥伦比亚学院。他于1882年获得学士学位、1883年获得硕士学位，1884年以一篇研究康德教育哲学的论文获得博士学位，并在此基础上获得丰厚的奖学金留学法国巴黎和德国柏林。巴特勒在德国主修哲学，1885年至1890年间在母校担任哲学系的教师和系主任，1887年与格蕾丝·霍德利·道奇（Grace Hoadley Dodge）一起创办了纽约教师培训学校（the New York School for the Training of Teachers）并担任该校主席。该学校后来隶属于哥伦比亚大学并更名为教师学院，其中另外一个具有合作教育性质的教学实体后来成为贺拉斯·曼学校（Horace Mann School）。[①]任教之后，巴特勒对教育

① A Tribute to Grace Hoadley Dodge[EB/OL]. http://www.tc.columbia.edu/articles/2000/december/a-tribute-to-grace-hoadley-dodge, 2017-3-21.

事业投入了极大的热情：他发起并创立了教育期刊《教育评论》（*Education Review*），1891年至1919年间任该期刊主编；协助成立了十人委员会（the Committee of Ten），致力高中课程的自由教育改革；1895年担任全美教育联合会（the National Education Association）的主席；1900年协助成立全国大学入学考试委员会（College Entrance Examination Board），并担任第一任主席。1902年，巴特勒正式成为哥伦比亚大学的校长，诸多政要人物出席了他的就职仪式，其中包括西奥多·罗斯福（Theodore Roosevelt）。1912年，巴特勒被共和党提名为副总统候选人，1931年获得诺贝尔和平奖。他担任哥伦比亚大学校长一职长达43年，是该校历史上迄今为止任职时间最长的校长。在任期间，巴特勒对哥伦比亚大学进行了大量改革，许多著名的学院、系所就是在巴特勒的主持下成立和发展起来的。

巴特勒获得了诸多荣誉和美称。他曾与威廉·詹姆斯（William James）、乔治·桑塔耶那（George Santayana）齐名，被称为美国"最伟大的三位思想家"，还被誉为美国"所有中学生都应该知道的五十名美国人"之一，罗斯福总统称赞其为"了不起的尼古拉斯"。用美国最高法院大法官本杰明·内森·卡多佐（Benjamin Nathan Cardozo）的话说，巴特勒是一位"博学者和政治家"，没有哪位大学校长在世界范围内获得了如此高的声望。[①] 巴特勒去世后，为了纪念他对哥伦比亚大学的发展做出的重要贡献，哥伦比亚大学将其最主要的图书馆以巴特勒的名字来命名。

巴特勒是一位著述颇丰的教育家和政治家，在不计算索引的

---

① ROSENTHAL M. Nicholas Miraculous: The Amazing Career of the Redoubtable Dr. Nicholas Murray Butler [M]. New York: Columbia University Press, 2015: 22–23.

情况下，收录他所有作品的书目印出来就有400多页，哈佛大学校长查尔斯·威廉·埃利奥特（Charles William Eliot）曾在1894年写信劝说巴特勒不要过度劳累。巴特勒本人是哲学专业出身，在工作之后又参与了大量的社会活动，因此他的作品以短文、书评、社论、报告、报纸摘要和演讲等为主，内容庞杂，包罗万象。[①]本次翻译的《教育的意义》（*The Meaning of Education*）是1898年出版的一本演讲集，收录了巴特勒关于教育基本问题的几篇重要演讲，是研究巴特勒教育哲学思想不可或缺的重要材料。

二、《教育的意义》及其结构

《教育的意义》并不是就某个单一主题撰写的系统性作品，本书所包含的七章内容是巴特勒在全美国多个场合，就教育理论和实践中的各种基本问题所作的演讲。这些演讲的主题虽然各有不同，但都展现了19世纪末美国教育学科的主流观点，能让我们大致了解19世纪末美国教育发展的整体状况和主要潮流。这些观点以多种形式出现，渗透到各级学校的教育教学中，对当时美国教育的发展起着重要的作用，对我国当下教育中存在的诸多问题也有非常重要的借鉴意义。

这本演讲集的受众很广，教育学研究者、教师和广大普通民众都能够从中受到启发，从而对新教育的基本轮廓有一个初步的认知。对于教育学研究者而言，这本书的思想所体现出的广度和新颖性具有很大的吸引力；对于普通民众而言，巴特勒在这些演讲中所展现出的渊博的知识和广泛的兴趣使人受益匪浅。这些演

① COWLEY W H. An Untiring Writer[J]. The Journal of Higher Education, 1935,6(5): 284 - 285., www.jstor.org/stable/1975551.

讲的听众大多是来自于大学、中学、小学等多个教育阶段的教师。有着不同研究重点和兴趣的教师会侧重于认真思考这些演讲中的某些内容，但只要他们愿意跟随巴特勒的思路去思考，这些演讲都会为他们开启一个新的思想领域。

正是因为这本演讲集使各个层次的读者都能够有所收获，再加上巴特勒本人的社会影响，所以它在美国的受欢迎程度颇高，在首次出版之后的几年内重印7次。从内容结构上来讲，巴特勒的《教育的意义》主要从教育理论和实践两个方面对美国教育的发展进行了论述。

(一) 教育理论：意义、价值与民主

在教育理论方面，巴特勒主要论述了教育的意义、价值以及教育和民主之间的关系。

首先，就教育的意义而言，巴特勒通过将教育与幼儿期理论相联系，将生物进化论与社会进化论相联系，将他对教育本质的认识放在当时美国盛行的社会进化论之下进行论述。在巴特勒看来，正是人的生命中存在的漫长的幼年期，为人的可塑性提供了可能，人才能接受教育，适应环境，促进社会的进步与发展。教育是人们为了保护、丰富和传播文化而创造的制度，包括科学、人文、审美、制度和宗教几大领域。

其次，在对教育价值观的解释中，巴特勒认为最有价值的是包括科学知识和哲学知识在内的“人类共通的知识”。科学知识和哲学知识虽各具独特的功用，但并非相互排斥，而是应该互为补充、共同发展。两者的作用都是使人类实现理性自由、使人类的智力和道德变得更加完善，并且为实现教育价值提供基础。

最后，就教育与民主的关系而言，巴特勒认为，随着时代的发展，民主在美国的社会生活中已经变得极其重要且影响广泛，民主思想逐渐占据主流地位。民主与教育之间有密切的联系，向民众传递国家观念理应成为民主国家的教育目标。从某种程度上说，一个国家的教育和政治应该是相匹配的，因此，教育中应该避免出现个体与国家分离的问题。就公民教育而言，从形式和理论上培养学生的公民意识与爱国主义思想虽然是积极、正确的，但这些都还停留在表面上，最根本的问题在于如何对学生进行伦理道德规范培养。巴特勒认为，民主国家的公共教育目标应该包括科学知识的推广和文化艺术的发展，并且必须适应于全体公民的智慧才能，民主教育的任务是将民主思想传播给每一个人。现实社会中民主的困境恰巧赋予了人们传播民主、进行民主教育的契机，有利于民主的改善。倘若整个社会能够正确、合理地实施公民教育，在社会发展的过程中预先强调个人责任的重要性，那么，公众参与政治的热情就会不断提高，对社会的信心也会与日俱增，才能从根本上实现教育的价值。

（二）指向新教育的教育实践问题

这本演讲集针对美国社会当时的教育实践，主要论述了美国中等教育和高等教育中存在的问题。

在中等教育领域，19 世纪末的美国面临着知识结构单一、不同课程首次引入的时间混乱、唯大学入学考试分数论等问题。基于此，巴特勒指出，中学是一种历史悠久的教育机构，应该摆脱对大学入学考试的严重依赖，建立起自身的教育体系。在诸多课程中，中学课程应涵盖多个领域，促进学生身体、心智等多方面能力的发展，为学生的进一步发展打下坚实的基础。与此同时，坚持全面的自由教育、保证中学教育的质量，增加知识的深度、采用新的教育方法、密切关注学生的发展、加强与小学的联系及合作，应成为美国中学课程内容改革的基本精神。

在高等教育领域，巴特勒向人们阐释了学院与大学之间的区别与联系，并着重说明了学院在美国高等教育中的重要地位：它是连接中等教育与研究型高等教育之间的桥梁。然而，在技术学院和职业学院能够吸引更多生源、创造更多收益的情况下，此类学院纷纷并入大学，美国不少大学出现了传统学科衰微、专业技术学院的学生人文素养偏低的情况。针对此现象，巴特勒认为：一方面，要保持以哲学为核心的传统学科的重要地位，这些学科是传统大学的精髓和荣耀所在；另一方面，要对专业技术学院的学生进行全面的自由教育，培养他们全面的人文素养，这样才能使专业技术学院真正上升到大学层次。

巴特勒对所有这些问题的论述，最终都指向了对“新教育”的向往。他认为，这种新教育的三大支柱是生理学、心理学和社会学，教师只有充分了解这三者与教育的关系以及它们在教育中的应用，才能使自己的教育理念、方法和手段紧跟时代的步伐。

在我国教育哲学与基本理论研究日益深入的今天，将巴特勒的《教育的意义》一书翻译出版，不仅有助于加深我们对19世纪末、20世纪初美国教育思潮的认识与理解，也能为我们反思现代教育提供一个有力的支撑点。

三、如何认识巴特勒及其《教育的意义》

长期以来，人们都视巴特勒为一名行动者，着重关注他为了促进哥伦比亚大学和美国教育事业的发展而开展的教育活动，而较少关注他的教育哲学思想。巴特勒的教育哲学思想虽然原创的内容不多，但巴勒特善独立思考，具有古典人文主义和轻微的自由主义倾向，是一名理想主义者。有研究者认为巴特勒很少见地将洞察力、实用性和行动力结合在了一起，具有成为“哲学王”

的潜质。巴特勒自身的学术研究领域是哲学，在哲学系任教之后，他才在参与教育活动的过程中对教育问题逐渐产生兴趣并阐发其教育哲学思想。因此，他的教育哲学思想中较少出现专业的术语和艰深的理论，而是更多地借助于其广博的知识储备，广泛引用哲学、科学、文学、艺术、历史等方面的诸多典故和内容，在旁征博引中表达自己的观点。这种表达方式为巴特勒赢得了荣誉，使他获得了“纽约最好的四位餐后演讲者之一”的称号；但这也对人们清晰地理解巴特勒的教育哲学思想造成了一定的障碍。[①]巴特勒的作品繁多且零碎，绝大多数是在不同场合发表的、相互之间关联不大的报告、演讲、短文、社论等，再加上这些作品中的旁征博引让人目不暇接，因此人们并不容易把握巴特勒教育哲学思想的主旨。例如巴特勒对杜威的哲学思想并不认同，在关于教育问题的言论中充满了对杜威思想的批判，认为杜威的教育理论是一种“空想”。基于此，有研究认为巴特勒的教育哲学站在了进步主义的反面。然而，这一时期的进步主义者观点不一，整个进步主义者阵营并不存在统一的行动纲领和理论体系。因此，对杜威的批判并不意味着巴特勒站在了进步主义的对立面。相反，巴特勒作为进步主义时代的知识分子，其教育价值观深受进步主义思潮的影响，进步、理性和正义的观念贯穿其教育价值观的始终。也正是因为巴特勒的思想与社会上的主流思潮相契合，所以才会在当时的美国受到热烈追捧。

本书由华东师范大学教育学部祝贺副教授与丹麦奥尔堡大学博士研究生江丹共同完成主体翻译。本书第三章与华东师范大学

① ROSENTHAL M. Nicholas Miraculous: The Amazing Career of the Redoubtable Dr. Nicholas Murray Butler[M]. New York: Columbia University Press, 2015: 22-23.

教育学部莽凌云同学共同完成，第五、七章与华东师范大学教育学部冯抒阳同学共同完成，华东师范大学博士研究生罗福益为译稿的完成做了不少基础工作，在此一并致谢。巴特勒是一位学识渊博的公共知识分子，他在演讲中运用了大量哲学、自然科学、历史学等领域的术语，英文演讲中夹杂了德语、希腊语、罗马语，读他的演讲不亚于回顾一部精简版的西方文化史。巴特勒在措辞、表达方面极富变化，这确实给我们的翻译带来了不少挑战。本着对学术著作译介认真、负责、严谨的态度，我们经常为了能够准确地翻译而字斟句酌，花费大量时间多方查阅、请教，也为了能够保证语义合乎作者本意和中文阅读习惯而多次修订、复核。但由于时间、精力和水平所限，我们在翻译中难免存在错误和疏漏之处，敬请各位读者批评指正。

祝贺、江丹

2019年10月

引言

这本演讲集中的每一篇文章和演讲稿都表达了过去15年中以各种形式出现的、关于教育学科的坚定信念和观点，这些观点的受众主要是教师，他们成百上千，几乎遍布美国的每一个州。支配这些文章和演讲的信念有三个方面：第一，我是从广义上使用教育一词的，教育是对人类的利益具有重要影响的事情，因为它涉及文化的保存和我们继承、扩大、发展文化的效率；第二，我们能够用而且应该用科学的精神和科学的方法来研究这一对人类具有重要影响的事情；第三，至少在民主社会中教育是失败的，因为它本身与公民的责任和机会不相关。

因此，教育与更为狭义的教学领域有明显的区别，而教学反过来比学校生活领域更为广泛。如果要在我们的思想中赋予教育恰当的地位，我们就应将其与普遍的生活法则，尤其是那些从进化论的立场来看待的生活法则相联系。为达到这一目标，我打算扩展人们普遍接受的幼儿期理论，尽管这一理论源远流长，可以追溯到古希腊时期，[1]但多亏了约翰·菲斯克[2]先生，这一理念得到了明确的表述和例证。它提供了迄今为止教育所缺少的内容，即生物进化的事实与社会进化的事实之间存在着明显的相关性。

接下来，我们必须找到一种能够评价教育过程及其影响价值的标准。从这个标准当中，我们既可以总结出自然的本质最终要用能量来解释，也可以归纳出，能量反过来只能由意志构建，而意志是精神生活的基本形式。上述结论无论是在最好的哲学中还是在最合理的科学中都是一样的。

我将这两个结论作为教育哲学的基础。基于这两个结论，我已讨论了不少具体的问题，这些问题不仅对于教师来说具有重要的现实意义，对于有思想的家长和有责任心的公民来说也颇具价值。

有时候，人们轻率地反对说，试图规划科学的教育研究是不可能的。这种反对意见建立在对“什么是科学”的误解基础上。科学只关乎方法；它只是经过分类的知识，而非其他。经过分类的知识可能是关于植物的知识，可能是关于天体的知识，可能是关于人体的知识，也可能是关于政府类型的知识、关于教育的知识。只有当科学建基于数学的时候才是准确的；而其他知识只能是描述性的，更广泛的经验或更深入的观察可能导致人们在任何时间修改他们之前给出的结论。教育科学类似于医学，两者都建立在辅助科学之上，并且得出的结论都只是有效的假设。教师面对正常的儿童就好像医生面对普通的病人，在这些情况下，这些

---

① BUTLER N M. Anaximander on the prolongation of infancy in man, in Classical Studies in Honor of Henry Drisler [M]. New York: The Macmillan Co. for the Columbia University Press, 1894.

② 约翰·菲斯克（John Fiske, 1842—1901），美国哲学家、历史学家。——译者注

假设基于广泛的经验，仅需要很少的修改或者根本不需要修改；然而在异常情况下，必须修改甚至放弃这些假设。医学和教育学都不能使任何假设变得准确。

就教育研究而言，非常重要的一点是要采纳并使用一致的术语，虽然由于各种原因，这是一个尚未完成的艰巨的任务。记住这一要求，我尽力将几种不同类型或等级的教育机构区分开来，并赋予每种教育机构一个适当的名称。美国的许多教育问题看起来很复杂，如果各种进行系统教学的机构都能用合适的名称来称呼的话，这些问题将会变得简单得多。

对于鼓励和支持我将这些文章和演讲出版的美国教师，尤其是那些全国教育协会的成员，我致以最诚挚的谢意。现在呈现在大家面前的这些文章在形式上的许多改进，要感谢我的朋友和同事布兰德·马修斯（Brander Matthews）、乔治·赖斯·卡彭特（George Rice Carpenter）的耐心批评和善意的建议。

尼古拉斯·默里·巴特勒

1898年3月于哥伦比亚大学

CONTENTS

目录

1

教育的意义

在布法罗自由俱乐部的演讲，纽约，1896年11月19日。

那些了解人类思想史的人，哪怕只是稍微有些了解，都会清楚地记得哲学家和形而上学者对日常使用的术语进行了非常激烈而持久的争论。对一些耳熟能详的术语，诸如“实质”“原因”“观念”和“物质”的讨论，长期以来让各个学派摇摆不定。似乎存在着这样一个事实：当一个术语不常被使用，并且脱离我们的经验和兴趣时，我们会轻易地指出其明确而具体的意义；但如果这是一个我们在日常经验和社交中熟悉的术语，我们虽然觉得它十分重要，但会发现要用科学的术语或合乎逻辑的措辞对其进行精准的定义却困难重重。

我将讨论“幼年期”和“教育”的含义，不仅因为我们已对这些术语耳熟能详，也不仅因为这些观念已成家常便饭，在我看来，还因为我们常常不能把握它们广泛而又深远的意义。我首先要说的是一个高度概括的观点，就是已经为人所知的“进化论”。我们虽然将这一理论与19世纪联系在一起，但是古老时期的思想家们已经运用他们天才的智慧预见到了这一理论，因为他们思想中的大部分内容已通过现代科学的形式向我们证实。进化论已经阐明了人类思想和行为中的一切问题。众所周知，进化论使我们的思想发生了革命性的变化。但实际上，我们在很多情况下并不接受这场革命带来的结果，也无法理解它们在实际应用中的重要含义。我认为总体而言，在人类兴趣和教育活动领域内，这种对进化论的不理解，最彻底地体现在与之相关的伟大的教育制度方面。

从我希望的角度来看，对进化论有主要贡献的两部著作分别来自阿尔弗雷德·拉塞尔·华莱士先生（Alfred Russell Wallace）和约翰·菲斯克先生。40多年前，华莱士先生就指出：在动物构造与形成的历史过程中，自然选择利用了心理或精神方面的特征与优势并持续了下去，而非仅仅利用生理方面的特质与优势，只要上述想法得到认可，应用于人类的进化论就能继续维持。这个观点是第一次出现，在某种意义上，这也许是这些著作中更重要的观点，因为它使我们理解了人类在宇宙中的地位。随后在不到一代人的时间里，约翰·菲斯克先生以生理学和心理学为基础，通过其卓越见解，向我们解释了进化论在动物种群里通过延长幼年期所起到的作用。基于菲斯克先生的理论，我将就当前的观点提出自己的立场。

我们已经认识到，进化论将我们所有的人都看作单个的活动中心，受我们环境的影响并反作用于环境。我们已经认识到，我们的物质生活、精神生活和道德生活是逐渐形成和发展的，我们可以将这一过程设想为一个点在一系列逐渐扩大的圆圈中穿行。当这一点到了充分成熟、受到教化之时，它会被包含在它所运行的圆周上，我们将这些圆周称为受过良好教育的人的知识、才能或文化。

正如已有的解释那样，幼年期理论与符号及解释的方法有直接联系。如果我们将低等动物的生活与高等动物，尤其是与人类的生活进行对比，我们会被这一事实所震惊：低等动物的幼年期很短暂。我们看到，幼小的低等动物出生之后只要有空气或食物就能够自己照顾自己，并根据环境作出反应。它们能够自己呼吸、自己消化、自己独立生存。此外，通过检测这些低等动物的结构，我们进一步被这样的事实所震惊：这些动物除了进行必要的、我们称之为“反射动作”的活动之外，竟然没有神经系统或组织的存在。它们没有中央存储系统，没有相当于人类大脑的结构。这些动物不可能存在积极的活动，因为在来自外部世界的刺激与动物本身的反应活动或动作之间没有任何足够的时间。这些动物重复着它们亲代的生活。无论老幼，它们都能精确、快速地做出某种本能反应；没有任何一种低等动物出现进化、发育或演变。然而，当我们开始关注高等动物时，我们的注意力会被它们完全不同的行为方式所吸引。高等动物的行为更加复杂、多元、敏锐和持久；当我们再次将关注点回到出现这些行为且能控制这些行为的有机体时，我们立刻发现随着功能复杂性的增加，其结构的复杂性也在增加。当我们研究更加高等的动物时，我们发现，某种特定动物的后代在出生后会有一段时间不能表现出许多个体成熟之后的功能。这些功能使得动物拥有很多成熟的反射动作，也带来了许多未开发的潜力。这些动物的生理组织在出生的时候并不是完整的，这必将导致一段或长或短的无助期或幼年期。从最高级的低等动物到人类，我们在幼年期的发展过程中达到了一个最重要的阶段。在人类的构造中，我们发现不仅人类大脑的体积增大，人类的大脑和中央神经系统也越来越复杂，伴随着构成人类生活的复杂调节与行动。尽管人类从出生时就具备了一系列完善的反射动作，其肺部能呼吸、心脏能跳动、血管能收缩、腺体能分泌，但仍有一系列重大的调整有待进行。当这些调节进行的时候，就会产生一个或多或少被延长的无助期或幼年期。

在我看来，无助期或幼年期的内涵是从任何科学和哲学的角度理解教育在人类生活中所起作用的根基。幼年期是具有可塑性的时期，是调整的时期，是使个体适应环境的时期：首先是物质层面的调节，然后是更广泛的层面上的调节。个体在更广泛意义上对环境的适应就属于教育的范围。换言之，这些动物一出生，作为生命一部分的天性和遗传就已经被安排好了。而就人类而言，在人周围发生了一系列的调整，这一系列调整构成了人们真正值得过的生活，它构成了精神或心灵的生活。在人刚出生的时候这些调节还没有开始，它们必须小心翼翼、缓慢地进行。我们刚出生的时候，虽然具有各种感觉，但这些感觉封闭、不协调、未经调整，无法实现它们的最终功能。我们知道，这个世界是成人生活于其中的三维世界，也是婴儿的意识能够感觉到的唯一世界，我们必须在婴儿能够欣赏和理解这个三维世界之前发展并训练其视觉、听觉和触觉，对这些感官进行综合训练，使它们协调行动。当那个具有可塑性或适应性的时期持续时，巨大的影响自然且必然被施加于儿童。这种影响不仅被施加于儿童，而且也通过儿童施加给人类。

我认为菲斯克先生的观点毋庸置疑，即在人类家庭的基础上，在社会生活和公共团体生活的基础上，延长的幼年期带来的这些调整是必需的。人类学和心理学告诉我们：历史上将人类从一种群居的动物改变成一夫一妻制家庭的因素，无疑是儿童。在这个漫长的幼年无助期和依赖期，儿童的父母被一个共同的核心利益联系在一起，互相关爱，互相依存，并紧密、永久地结合在一起。起初，父母之间相互关联和依赖的时期只延伸到大约8年、10年或12年。如果一对父母生育两个以上的孩子，这个时间可能会被延续得更长，甚至可能会持续到人类平均寿命的三分之一到二分之一。正如我们所知，家庭形成于幼儿的依赖期和无助期；在目前我们可以解释的范围内，幼年期的延长促进了家庭的构成。如果不是完全没有必要的话，我可能会从自然史和科学史中引用一个又一个的事实来说明这个观点。它是对我们现代科学最深刻的概括之一，使我们能够洞彻教育的意义，并能够理解一种最惊人、最壮观的社会现象的生物学意义。

不断延长的幼年期是一个具有可塑性的时期。没有那个幼年期的动物是不需要接受教育的。每个具有幼年期的动物能够而且也必须接受教育。幼年期越长，动物就越可能获得更多的教育。随着人类的文明变得越来越复杂，也随着其产物变得越来越多元、深刻和广泛，我们将儿童的受监护期变得越来越长。直到现在，青春期的生理年龄在14岁或15岁，而依赖期的教育时间几乎是青春期出现时间的两倍。也就是说，这一代的儿童要适应周围的环境，并且能够自食其力、取得成功、成就自我，差不多需要近30年的时间。在多数情况下，如今人们在幼儿园、小学、中学、大学、专业学院，以及在独立工作前的职业学徒期的时间，加起来要达到25年、26年、28年，甚至30年。

在我看来，菲斯克先生的理论和现代科学的思想给我们提出的重要建议是：在生理适应之后，在儿童能够独立行走、自己吃饭、使用自己的双手、拥有身体自由之后，整个教育期就成为对所谓“精神环境”的一种适应。当生理适应在相当程度上完成之后，剩下的事情就是需要与构成人类文明的伟大成就达成和谐、互惠的关系。因此，不断延长的幼年期仅仅意味着：为了使年轻人获得一些基于大量历史事实的观念并掌握一些应对当下环境的本领，我们每一代人几乎都要花半生的时间去接受教育。

换言之，进化论教会我们将周围的世界——我们的艺术、科学、文学、制度和宗教生活，视作整体环境中不可缺少的一部分。它教会我们将教育视作一个具有可塑性的时期，在这一时期，教育使得具有能动性的个体调节和适应一系列的遗传内容。尽管儿童的第一项权利和义务是从生理方面调节自身以适应环境、学会走路、学会自己吃饭，但要实现身体上的独立，仍然需要大量的外界教育或文化。如果不与外界接触，没有人能够成为真正的男人或女人。在出生后的最初几年里，儿童首先获得的是他的动物遗传性；在随后的教育阶段，我们可以看到儿童形成了他的社会遗传性。相比于低等动物的活动完全依赖于反射动作和本能，人类的自主活动由反射动作、本能和智力发展出来。通过将低等动物的生活与人类的幼年期、自主活动进行比较，我们获得了这样的认识：笛卡尔（Descartes）所谓的“动物机制”与我们可能认为是人类思维的活动之间存在着巨大的差异。

这段具有可塑性的时期构成了教育期。它为我们所有的教育理论和教育实践提供基础，也为我们提供了有价值的目标。一方面，当有时听到“所有的教育必须从儿童开始”这样的言论时，我们必须加上一句：“是的，并且要引向人类文明。”另一方面，当听到“所有的教育必须从传统的过去开始”这样的言论时，我们必须加上一句：“是的，教育还需要适应儿童。”另外，我们应当理解，每个文明国家倾其力量和财富建造的现代教育的伟大圣殿是如何依赖两个基础的：一是儿童的心理和生理特性；二是人类传统及传承的文明，以及家庭和学校如何将这两个因素结合，使得这两者相辅相成。如此，我们的教育思想才能既符合进化论，又符合现代科学和现代哲学的理论。

当儿童拥有其生理遗传特性之后，他必须在家庭、学校和社会的引领下获得智力发展或精神发展。当这一事实在智力发展或精神发展的条件下进行阐述的时候，我们绝不可能再次把教育仅仅视为教学，也绝不可能再次把教育仅仅视为知识的获得，而是开始真正把它当作通往最高贵、最富足的生活方式之门。正是柏拉图（Plato）的伟大思想，启发他写下了构成他传承后世的重要遗产的那句话，即生活和哲学是相同的。柏拉图是在自身及其时代所熟悉的意义上使用哲学这个词的，对我们而言，至少在某些阶段，我们很有可能用哲学这个词替代教育。生活和教育是相通的，因为在传统意义上，我们仅仅将教育这个术语界定为一个更为正式、更为明确且更为固定的适应期。然而，只要生命持续存在，我们的敏感性和可塑性就存在，我们总是在适应环境、获得力量，就像希腊神话中的安泰俄斯（Antaeus）那样，我们触碰大地母亲并从她那里获得文明的源泉。

如果教育不能仅仅被视作教学，那么它又是什么呢？这个术语的含义是什么？我对这个问题的回答是，教育一定意味着逐渐适应人类获得精神财富的过程。这些精神财富可能有多种分类，但它们一定至少包括五个方面——儿童有权获得科学传承、文学传承、美学传承、制度传承和宗教传承。没有这些，他就无法成为一名真正受过教育的、有教养的人。

儿童有权获得科学传承。换句话说，他有权利接近自然、热爱自然、认识自然、了解自然。他有权利走进自然，不仅仅像早期希腊和东方的思想家那样带着敬畏、恐惧和崇拜的心态走进自然，而且有权利带着现代科学方法的全部信息，带着现代研究获得的全部事实走进自然。他有权利知道，我们是如何从《伊利亚特》所讲述的英雄时代过渡到我们所知的今日世界的。他有权利知道，上帝如何向人类展现他的荣耀；动物、植物和岩石如何呈现过去的历史以及我们如何从它们显示出的信息、图案和序列的思路和暗示中获取知识。如果忽视科学传承，我们就不会有良好和自由的教育。学习乘法表、学习必要的初始定义、学习研究和实践的必要方法——所有这些都是我们进步的基本环节。然而，这些基本环节常常又会让我们倒退，忽视本该由这些基本环节通往的地方。因为科学是儿童最先获得的知识，所以它是现代自由教育最重要的内容之一。儿童通过科学可以迅速触及世界；儿童可以率先由科学引导；以科学作为出发点，儿童可以理解生活，理解“教育”这一适应过程及其深刻意义，并从中获得经验。

儿童有权获得的下一个传承是巨大的文学传承，这是人类在过去的2500年里最喜欢详述的内容。文学能引发想象，语言让其光辉圣洁，它离有教养的人的心灵最近。文学传承的最早成果要回溯到神话，接着是诗歌，以及18、19世纪用现代语言写成的散文。我们长期以来一直将有关文明的一切知识称为“人文学科”，因为其绝大多数涉及“人文主义”这一古老词语的表面意义，这个词曾是自由教育的理想。“人文学科”毫无疑问属于人文主义①，但人文主义的含义更为广泛。从完整的意义上看，人文主义必然包括我们所有的传承，包括科学传承、文学传承、美学传承、制度传承和宗教传承。科学的方法是通向科学传承的途径，因此我们必须大体上掌握科学的方法；同样，语言是通向文学传承的条件，因此，我们要尽早掌握语言。通常，我们习惯于根据语言来估量能力与文化。掌握多种语言乃至母语，经常被看作是有文化的检测方法，这体现了我们对语言的重视。显然我们也看到，掌握一种或多种语言，人类就能更轻松地适应对精神世界的教育。

语言是人类过去思想的结晶，它记录了人类思想的进步。当我们在刻苦钻研枯燥无聊的修辞和语法细节时，我们再次进入了进步阶梯的较低阶段，即文学传承中的乘法表学习阶段。为了理解世界上伟大的诗人和先知们展现给我们的东西，我们必须采取这些步骤。因此，如今在儿童最早期的教育中，我们把文学传承和科学传承并列放在首位。有时在所谓的“新”教育中，了解其本质的内容对早期的语言练习也具有重要意义。全世界从古到今

① 原文为humanitas，这一拉丁词汇的含义包括了古希腊意义上的教化和仁爱，以及罗马一系列不成文的其他传统行为信条。——译者注

的文学是如此丰富，思想、感受和行动无所不有，我们没有精力在无意义的材料中钻研标准的语法训练，但是如果使用的材料能够丰富我们的思想、触动我们的心灵，我们便能专心钻研上述语法训练，并采用与之相同的训练方式。在适应的过程中，现代教育在一种新的精神指导下使儿童获得文学传承。这一传承一直先于人类而存在。在中世纪，在现代教育的早期阶段，在现代的欧洲教育中，对语言和文学的学习一直是教学的主要内容。由于它无法被替代，因此总是在教育中占据突出的位置。一些人认为仅掌握文学传承就够了，或者认为文学传承排除了其他所有的内容，这样的观点是狭隘的。在儿童早期的可塑期或教育期内，文学传承和科学传承同样重要。

教育中的第三个因素是美学传承。感受美好、生动和崇高，一直是人类生活的重要组成部分，它增进了人类的快乐，揭示了人类的苦难。古希腊人理解并运用美学，但几个世纪以来，一种错误、狭隘的哲学观点认为审美与精神生活、宗教生活相对立，因此将审美排除在生活和教育之外。这种观点还认为，对精神的磨炼只能通过贫穷、苦难，通过将精神从人类文明中剥离，并坚信，人类应该压抑自己的感受，压抑对理想的情绪和美的渴望。持上述观点、思想封闭的哲学家们尽管可以暂时实现他们的教育目的，但是他们既完全无法压制住哥特式大教堂建造者或者文艺复兴时期意大利画家的精神，也无法压制住人类生活中的艺术元素。现在，我们发现美学又回到了其合适的位置。我们不再认为可以通过言语教化那些没有审美感觉、不能欣赏高尚之事的人，因为从所有心理学层面来说，我们有理由认为，人性是有缺陷的。这个文明的伟大之处，这个在每个人胸中起伏的潮水，不仅使得那些迟钝且不懂欣赏的人，在穿过梵蒂冈的奇妙画廊或卢浮宫时也会好奇地探头观望，而且也成为我们适应人类丰富成果的必要因素。就儿童的教育而言，除非我们仅满足于培养他们做一个劈柴挑水的人，否则我们应该将美学传承置于等同于科学传承和文学传承的地位。我们发现，艺术如今已渗透进课堂；儿童在课堂中习得颜色、形式和表达。成长中的孩子被经典艺术所环绕，他们通过无意识的模仿，逐渐适应了这种曾经被遗忘、现在又恢复的人类文明的内容。和科学和文学的内容一样，美学的内容也是儿童所获得的传承中不可分割的一部分。

儿童获得的另一种奇妙的传承是制度传承。制度传承是最奇妙的，因为它使我们直接面对人类种族的发展史。在这种文明要素面前，为了弄清人类文明究竟意味着什么，我们必须暂时把科学观点、文学鉴赏、审美判断方面的不同点搁置一旁，将人类个体置于一个更大的整体当中。在人类文明的历史上，关于人类制度有两种截然不同的观点。第一种观点成型于1789年至1794年的法国巴黎，通过卢梭（Rousseau）的阐释而成为现代哲学的象征。实际上，这种观点认为，每个个体都有充分的能力。曾在雅典街头与苏格拉底（Socrates）辩论的古代智者派认为，人类需要探索尽可能多的真理，每个个体都是自己命运的唯一仲裁者。这就是我所说的原子式的人类社会观，这种观点将我们的制度化生活分成数以百万计的原子，每个原子都被奉若神明。这一观点在历史上最终没能成功实现。它虽取得了短暂的胜利，但只是因为它反对极端的暴政。另一种较极端的观点，认为在整体面前个人无足轻重。这种观点认为所有的个人特点、力量或成就，都必须受制和服从于整体的利益。维持祖先崇拜的中国文明、维持种姓制度的印度文明以及维持僧侣阶层的埃及文明都存在这些观念。

再次探寻希腊人的思想源头，我们开始逐渐理解，真正的制度化进程存在于上述两个端点之间。制度化生活的概念在于真正将我们每个人视作一个个体，但同时也将个体视作整体的一部分——我们虽有自由的权利，但其必须限制在法律范围内。基于对人类历史和人性的研究，我们已经把制度化生活作为政治哲学的最后一课。法律约束下的自由概念，允许人类的每一种活动在不影响他人的情况下不断发展与丰富，人与人之间所有的合作都朝着一个共同目标进行，这样的概念诠释了人类的制度化生活，它比任何哲学家或学识肤浅之人的极端理论都好。让我们再次回顾一下制度化生活是如何发展的。我们看到关于私有财产权、普通法、政府、教堂、新闻自由、教育的重要制度一项接一项地从不确定性的迷雾中出现，并在现代生活中发挥作用。如果缺乏对上述制度的理解，我们立即判断出要实施自由教育是不可能的。儿童必须领会到，他不仅仅是一个个体，还是一种政体和一种制度化生活中的一员。在制度化生活中，他必须奉献与索取、遵守与服从、适应并与他人联系，没有上述这些就不存在文明和进步。我们从历史中发展了这种制度化生活，如今，它正走进文明世界所有儿童的教育中。通过这种生活方式，儿童被赋予了制度传承。如今从幼儿园到大学，在学生能够接受良好教育的任何地方，他们不仅学习那些容易被教授、有关其权利的见解，还学习那些容易被遗忘、关乎其义务的见解；同时，他们还学习制度化生活中的责任、义务和在实现崇高理想的过程中合作的必要性。

最后是儿童的宗教传承。任何一名研究历史的学生都不怀疑它的存在，任何一个人性观察者都无法低估它的重要性。但我们仍然没有充分理解宗教在塑造我们现代文明方面无可匹敌的影响力，这种影响力部分是因为宗教本身的普遍性，部分基于这样的事实：在构建我们现有的上层建筑的时候，宗教传承无疑成为人类主要的兴趣。尽管它曾在多数情况下存在于狭隘、偏执、无知的头脑中，但现在，它已在教育中发挥着重要的作用。然而，19世纪一系列事件的发展极大地改变了宗教在教育中的影响力——一开始，宗教对教育具有不可估量的影响，近来这种影响则明显减小。所谓的政教分离原则不断增强，它被更准确地描述为人类政治和宗教势力的相互独立；与此同时，公共教育意识的发展让国家承担起大部分的教育责任，并将宗教元素排除在公共教育之外。在法国和美国，这种情况尤为明显。法国的公共学校系统从1882年以来就摈弃了宗教教育；在美国公立学校中，宗教教育很难通过不正规的宗教活动或教学立足。

这种情况的结果是，宗教教学很快被完全排除在教育之外。过去有教养的人都熟悉英文版的《圣经》并把它视为最经典的语言，认为拥有它是一种财富，而现在却早已过时。人们就这个问题提出了两种解决方案：一是国家应该认可学校中现存的各种形式的宗教教学，并为此预留出教学时间；二是国家应该通过经济资助的方式，帮助宗教机构或其他机构维持其学校的运作。由于不同教派之间的神学斗争令人苦不堪言，美国人目前无法顺利地接受其中任何一种建议。然而，除非人们想削弱宗教势力，使其支离破碎，否则人们不可能把宗教完全排除在教育之外。人们必须将宗教教育移交给家庭和教会，让儿童接受宗教教育，并保持他们对宗教的见解，避免其消亡。从教育的角度看，家庭和教会想要顺利地挑起这个担子的话，就必须变得比现在更为高效。这会带来一系列问题，但问题的切入点并不在此。只要点明人类文化的宗教因素具有至关重要的意义就足够了。此外，我们必须通过一些有效的媒介将宗教传递给每一个旨在接受完整、均衡的教育的儿童。

为了使儿童获得智力或精神上的传承，有教养的人利用幼年期，使儿童沿着科学、文学、美学、制度、宗教这五条路径进行适应，正如低等动物利用较短的幼年期来发展、调节和协调肢体行为。这些肢体行为构成了更高级的本能，要求动物具有更大、更复杂、有更多褶皱的大脑。

在我看来，建立在进化论基础上的生物学、生理学和心理学的研究内容与现代生活中教育的意义和地位相关。我可以肯定地说，这些学科赋予我们的教育观念必定会超越机械的、循规蹈矩的、纯粹人为的日常经验。对于这个准备期，我们既不能随意行动，也不能忽视，更不能浪费。在这一时期，每一刻的调整都弥足珍贵。每一次新的适应和相互关联，在丰富个人生活的同时，也丰富了整个人类的生活。正是这个漫长的幼年期、适应期、可塑期和教育期，使得人类得以进步。因此，每一代人都是文明的受托人的这种说法是完全正确的。每一代人都将这种说法作为自己及下一代的行为宗旨，保护文化，丰富文化，传播文化。人们为此目的而制定的制度被称为教育。儿童迈入这种文明传承后，首先获得生理遗传，其次获得科学传承、文学传承、美学传承、制度传承和宗教传承。我们用文化一词来表示文明传承最终达到的状态。

“文化”一词是一个非常现代的词汇。只有在18世纪下半叶和当代，“文化”一词才在其现在的意义上被使用。文化在现代如此重要，大体上要归功于歌德（Goethe）和赫尔德（Herder），他们做了大量的工作使“文化”的现代含义为人们所熟悉。虽然这个词可能是新的，但这个概念本身却是陈旧的。它是希腊语中的“派地亚”[①]、罗马语中的“人文主义”，说到底，它表达了很多住在乡下别墅里的罗马贵族的想法。在教给孩子农业知识、法律知识和军事职责之后，他们将孩子送进罗马城以感受城市生活。我们现在将这个词简化到只剩下优雅的举止，但是当罗马人第一次使用它的时候，他们的意思差不多就是我们所说的文化。因此，文化的概念是陈旧的，从人类出现的早期时代，它就一直存在于理想主义者的心中。如我所说，基于对儿童的认识和对历史的认识，我们赋予了“文化”这个词丰富、完整、多元的含义。当我们在这些意义上使用这个词的时候，我们可能是在恰当地用它来表达现代教育的理念。

① 原文为希腊语Παιδεία，指古代希腊文化体系中的教育与训练体系，主要包括体操、修辞、语法、数学、音乐、地理等课程。——译者注

2 什么知识最有价值

全国教育协会主席就职演说，科罗拉多州丹佛市，1895年7月9日。

历史专业的学生都无法摆脱现代思维的复杂性。从哲学的发端至文艺复兴时期，历史的发展脉络相对简单而直接。在这段时间内，人们一步一步地追溯思想和行为核心问题的演化，很快发现先知们的预言已通过人类行为得以验证。公元5世纪，精神生活成为雅典人民生活的主要内容。在古希腊时代，人们的生活非常简单，但随着生活水平的提高和个人生活的独立，人们对生活有了更深入的思考。人类的目标变得更容易实现，其界定也愈加清晰。人们坚信，世界因他们及他们内心的喜悦而存在。甚至在但丁（Dante）成为不朽的传奇、人类文明相对进步的时代，绝大多数人都相信约翰·菲斯克所言："地球，这个人类的美好家园，处于宇宙的正中心，而世间万物皆为地球服务：太阳给予光明与温暖，行星绕其轨道决定地球异乎寻常又变化多端的命理定数，狂风呼啸，洪水上涨，瘟疫的魔爪肆虐每一寸土地。它们或庇佑，或警告，或斥责上帝最重要的创造物——人类。"正是由于此类想法的产生，理论与实践才可能紧密相连。在古代社会，信徒们的理想信念常常被理论精通者建立的行为准则所引导，这倒也不足为奇。"认识自我"与"从容不迫"成为早期哲学家们的信条，他们坚信上述信条将在他们的个人意志下得以实施。

时至今日，这一切都发生了改变。人类开始质疑自己在宇宙中的支配地位，甚至怀疑自身的重要性。他们觉得，"人类非但没有居住在宇宙的正中心，而且在由太阳和无数群星构成的银河系中，他们只不过是沧海一粟"。如潮水般涌现的新知识既引发人们的共鸣与兴趣，也加重了他们的负担。伽利略（Galileo）用他的望远镜向我们揭示了宇宙的无穷大，而詹森（Jansen）则用他发明的复合式显微镜，为我们揭示了世界的无穷小。在一两代人之间，生物学开始产生，物理学、化学和地质学重获新生。面对这些伟大的发现，人类一开始感到惊讶与喜悦，等这种劲头过去，人类又接着提出一些错综复杂又令人困惑不解的新问题。之前建立起来的自信便荡然无存。一种全新且异乎寻常的耀眼光芒出现后，人类一开始踟蹰不前，进而丧失信心。等到人类对阿奎那（Aquinas）[①]思想坚信不疑的时代过去，接踵而来的便是蒙田（Montaigne）大胆无畏又愤世嫉俗的怀疑主义思想。怀疑主义在人们的精神领域还未持续多久，哲学领域就产生了叔本华（Schopenhauer）的祛魅和悲观主义思想以及阿米尔（Amiel）[②]的极度尖锐且不尽人意的自我剖析理论。诺尔道（Nordau）[③]与其簇拥者声明，我们正处在一个堕落的时代，许多对生活与思想进行阐释的同时代者诸如瓦格纳（Wagner）[④]、托尔斯泰（Tolstoi）、易卜生（Ibsen）、左拉[⑤]、前拉斐尔流派[⑥]人士等都应被关进精神病院。人类现已被划分成不同阵营。在电力和蒸汽将世界各国联结起来的同时，知识与信仰的差异又使得各国被分成不同的部分。在这片喧嚣声中，人们很难抓到主调。每一种带有

① 阿奎那（Thomas Aquinas, 1225—1274），意大利中世纪哲学家、神学家。——译者注

② 阿米尔（Henri-Frédéric Amiel, 1821—1881），瑞士道德哲学家、诗人。——译者注

③ 诺尔道（Max Nordau, 1849—1923），匈牙利作家、哲学家。——译者注

④ 瓦格纳（Wilhelm Richard Wagner, 1813—1883），德国作家、戏剧导演。——译者注

⑤ 左拉（Émile Zola, 1840—1902），法国自然主义小说家和理论家，自然主义文学流派创始人与领袖。——译者注

⑥ 前拉斐尔流派（Pre-Raphaelites），1848年诞生的一个艺术团体（也是艺术运动），由三名年轻的英国画家约翰·艾佛雷特·米莱（John Everett Millais）、但丁·加百利·罗塞蒂（Dante Gabriel Rossetti）和威廉·霍尔曼·亨特（William Holman Hunt）发起。——译者注

启发性的解释似乎都把人类带入更加错综复杂的迷宫，让人一叶障目，不见泰山。虽然关于真理的标准相较之前更加清晰，但关于价值的标准往往让人一头雾水，有时甚至其存在的意义竟也被否定。

然而，在团团迷雾中，洞察力敏锐的人能够看到一束逐渐明亮的光。本世纪，两位伟大的思想家，即德国人黑格尔（Hegel）和英国人斯宾塞（Spencer）站了出来，就像古希腊神话中的阿里阿德涅①那样，将引导线索交到人类手中，带领人类穿越重重迷宫。本世纪末，从一些无关紧要的嘈杂声中，我们似乎能听到这两位最无与伦比且最真诚努力的思想家发出的深刻论调，他们的论调从思想追光者们的全然不同的观点中产生。这两人掌握了他们领域内几乎所有的知识，向人们阐释了人类与所处环境的关系，皆“主张上帝永恒，证明上帝待人之法合理”。这两位伟大的导师都是普遍性和科学方法的代表人物，而这两种特质也恰恰是对现代文明的高度阐释。在历史、哲学、艺术与自然方面，无论我们领悟到什么，这两位导师总能运用他们系统化的思维来启发我们。黑格尔传承康德（Kant）和费希特（Fichte）等哲学流派的精神，对古代柏拉图和亚里士多德（Aristotle）的哲学起源思想以及布鲁诺（Bruno）、斯宾诺莎（Spinoza）等人的理论兴趣浓厚，他用让人一目了然的语言文字告诉大家：独立的、自我活动的人是万物之父。斯宾塞则对宇宙一体论感到欣喜

① 阿里阿德涅（Ariadne），克里特岛国王米诺斯的女儿，曾给情人忒休斯一个线团，帮助他走出迷宫。——译者注

若狂，他受到拉马克[①]和冯贝尔[②]的启发，认为无论身处自然还是置身社会，个体生活能为理解集体生活提供线索，并且形成了一种独特且无可辩驳的发展与进化理论。自从人类思维活动出现，这种理论就开始隐隐约约地被呈现于人类面前。黑格尔提出他的自我活动原则，而斯宾塞则主张他的进化论，这些理论皆为我们的知识与信仰提供落脚点，这一落脚点也将成为这些理论知识的坚实后盾。从黑格尔的理论中，我们了解到万物皆有或能够具有永恒的合理性；斯宾塞认为，每天产生新奇事物的可见宇宙构建在原始星团之中，他对这一构建过程的特征进行了论述。在星云密布的苍穹之下，在道德律法的限定范围内，黑格尔、斯宾塞及康德提出的那些令人肃然起敬的真理，在人类的精神生活中占有一席之地，同时向世人证明真理的美与不朽。

在这个年代，尽管科技与工业以史无前例的速度发展，但是，现代科技活动中最为显著的当属那些无可非议且占主导地位的思想，这些思想将人们的心中之感阐发出来，而不是使人们产生一种思想上的矛盾对立感。脱下粗鄙与荒唐的外衣，也不再依靠贝克莱[③]的感官分析理论，理想主义开始以理性的方式来征服世界。柏拉图的哲学发现得到了笛卡尔、莱布尼茨（Leibniz）、康德和黑格尔的具体阐释。而曾经令人惶恐不安的唯物论也蜕去其恐怖的外壳。科学本身将物质整合成一个动力系统的集合体，并以意志作为其运作的能量。我们手中握着的一块看似毫无生命

① 拉马克（Jean-Baptiste Lamarck, 1744—1829），法国博物学家，生物学伟大的奠基人之一。——译者注

② 冯贝尔（Karl Von Baer, 1792—1876），德裔俄国生物学家、人类学家和地理学家，比较胚胎的创始人。——译者注

③ 贝克莱（George Berkeley, 1685—1753），爱尔兰哲学家，近代经验主义的重要代表学者之一，开创了主观唯心主义。——译者注

体征的石头，实际上却是无数个高速运转的能量中心。个人意志成为迅速感知个人直接行为的唯一动力，同时，我们还运用亲身经历来解释动力的其他表现形式。现代数学作为最震惊世俗的人类智力成果，将人类的思维扩展到无限的时间与空间之中。虽然天狼星表面发出的光在速度方面与闪电旗鼓相当，但由于与地球相距甚远，它需要超过8年半的时间才能到达地球。与此同时，天狼星的物质成分也像人类的身体骨骼那样得到了精确测算。而早在1842年，孔德[①]就曾断言，人类永远都无法确定恒星的化学成分和矿物结构。由于天王星在运行过程中偏离轨道，人们预测出了在宇宙某一点上的另一颗未知星体，然而，伽勒[②]恰好将望远镜移到这一精确点上，一个惊人的发现由此诞生，从而确证了之前的推测。过去瑞利勋爵[③]用一种必然的逻辑关系，通过分析空气中氮气质量的差异发现了新的大气成分——氩气。笛卡尔创立的解析几何以及牛顿（Newton）和莱布尼茨创建的微积分扩充了罗巴切夫斯基[④]、黎曼[⑤]、高斯[⑥]、西尔维斯特[⑦]等人提出的卓著

① 孔德（Auguste Comte, 1798—1857），法国著名哲学家、社会学家和实证主义的创始人。——译者注

② 伽勒（Johann Gottfried Galle, 1812—1910），德国天文学家，海王星的发现者。——译者注

③ 瑞利勋爵（Lord Rayleigh, 1842—1919），英国物理学家，在氮气中发现惰性气体氩。——译者注

④ 罗巴切夫斯基（Nikolas lvanovich Lobachevsky, 1792—1856），俄国数学家，非欧几何的早期发现人之一。——译者注

⑤ 黎曼（Bernhard Riemann, 1826—1866），德国数学家、物理学家。对数学分析和微分几何做出贡献。——译者注

⑥ 高斯（Johann Carl Friedrich Gauss, 1777—1855），德国数学家、物理学家和天文学家，近代数学奠基人之一。——译者注

⑦ 西尔维斯特（James Joseph Sylvester, 1814—1897），英国数学家。——译者注

的数学方法，这些理论往往比哲学史上记录的任一猜想都要大胆。诚然，作为科学必不可少的工具，数学不再故步自封、墨守成规，纯粹理性地被置于前所未有的至高地位。被冠以"英国数学界达尔文"的著名数学家凯莱[①]几年前曾表示[②]："纯粹虚构的事物是唯一实体，这种实体本身的对应物就像柏拉图所谓'洞穴的影子'，也只能借助这些虚幻的事物，才能否定这些对应物的存在。比如，倘若没有'直'的概念，那么否定绝对直线的存在将毫无意义。"

物理学家们也想证明，以各种形式出现的能量守恒定律，为自我活动这一基本原理提供了一种令人赞叹的新颖论据。能量以运动、热量、光、电力、化学活动、声音等形式存在。任何一种形式的能量都能转变成另一种形式。人类自我活动的循环是完整的。

但是，人类思维的征服力量不仅仅来源于自然科学。天才人物商博良[③]将阿蒙霍特普[④]法老时期和拉美西斯[⑤]法老时期人们的思想和行为生动地展现出来，让寺院之墙以及墓碑壁上的原始装饰画成为尼罗河畔伟大文明的珍贵史料。守护着金字塔的神秘狮身人面像，"在瞬息万变的天地中亘古不变"，几个世纪以来，在传说中的特洛伊战争爆发之前，迎接朝霞已然过几个世纪。它俯

① 凯莱（Arther Cayley, 1821—1895），英国数学家，创立英国纯粹数学流派。——译者注

② CAYLEY A. Presidential Address to the British Association for the Advancement of Science[R]. Southport, 1883.

③ 商博良（Jean François Champollion, 1790—1832），法国历史学家、语言学家和埃及学家，埃及学的创始人。——译者注

④ 古埃及第十八王朝共有 4 世阿蒙霍特普法老。——译者注

⑤ 古埃及第十九王朝与第二十王朝共有 11 世拉美西斯法老。——译者注

瞰着现代人类用莎士比亚和弥尔顿[1]的语言谱写建造者的传奇。从原始人类的叫喊呼唤，到早期雅利安人的文字符号，再到现代欧洲多样而复杂的语言，所有这些不仅让人感受到其中明显的感官差异，而且也成为比较语言学法则的基础。而葆朴[2]、格林[3]、维尔纳[4]等人在语言学上的成果皆以此种法则为依据。语言学上取得的成果及其成就意味着人类在洞察力上获得胜利。在浩瀚宇宙与日常生活当中，理性征服的新时代已然到来。

哲学上意义最深刻的部分在于对自我活动的洞察以及对反省性思维的认识。过去，我们强烈地抵制科学教育。而现在，科学与哲学和谐并存。人类思想在最壮丽的诗歌及最精巧绝伦的艺术当中体现。它通过荷马（Homer）、但丁、莎士比亚和歌德的诗篇展现，让菲狄亚斯[5]的雕刻艺术焕发生机，引领拉斐尔（Raphael）和米开朗基罗（Michelangelo）手执画笔描绘最无与伦比的人物。它既将不朽赠予瑰丽璀璨的帕特农神庙，也为华丽宏伟的中世纪建筑提供灵感来源。这些建筑上镌刻着罗马征服者的名字，体现着中世纪的宗教理念。

这种占据主导地位的思想究竟意味着什么？它与我们的教育理想有什么联系？要解答上述问题，我们不仅需要用科学方法考察自然、用哲学方法考察历史，还必须通过许多其他的方式来判断和估量人类制度与教育方式的意义。毫无疑问，我们既无法接

① 弥尔顿（John Milton, 1608—1674），英国诗人、评论家、民主斗士，代表作有《失乐园》《复乐园》等。——译者注
② 葆朴（Franz Bopp, 1791—1867），德国语言学家。——译者注
③ 格林（Jacob Grimm, 1785—1863），德国语言学家、法学家、神学家。——译者注
④ 维尔纳（Karl Verner, 1846—1896），丹麦语言学家。——译者注
⑤ 菲狄亚斯（Pheidias, 480 B.C.—430 B.C.），雅典雕刻家、画家和建筑师。——译者注

受对现代哲学和现代科学一无所知的传统，也无法接受盲目崇拜那些只简单了解心理学的人。这些人指出，许多心理机能需要得到训练，并且这些机能都有专属的方式。这些机能仿佛就像一根根木棍，只要经过雕刻加工，就能变得对称、有序。冯特[①]非常肯定地说："精神生活，并非指固定形态和变化形态之间的联系，因为在其整个发展阶段，这种生活是一个流动的过程：它是一种积极主动，而非消极被动的存在；它向前发展，而非停滞不前。"[②]精神生活是自然的本真。它与自然的相似之处在于，它并非一成不变，而是历经千变万化。这种不断变化是事物发展的必要条件，让客观现实更富生命力。它让教育步履不停，引导人类教育向更明智的方向发展。

我正思考的问题是：究竟什么知识最有价值？这个问题虽然很早开始提及，但是我们几百年来对此问题的回答却多种多样。每个时代的人都必须向自身提出这个问题，并以每个时代的立场，用最精深广泛的知识来解答。最富智慧的哲人们总能或多或少地知道这个问题影响最深刻的特征及其至关重要的答案。苏格拉底、柏拉图、奥古斯丁（Augustine）、阿奎那等人皆从现实角度来考虑，但从那之后，人们却常常对有研究价值的更高深问题要么视而不见，要么浅尝辄止。而培根关于相对价值的研究则开始运用"公理的"逻辑系统，并加上一些相对简短的评价。卢梭概述了一种使其冷静判断的声誉受到破坏的教育计划。尽管赫伯特·斯宾塞认为科学只实现了知识的部分统一，但他还是放下手

① 冯特（Wilhelm Wundt, 1832—1920），德国生理学家、心理学家、哲学家，实验心理学之父。——译者注

② WUNDT W M. Lectures on Human and Animal Psychology[M]. New York: [s.n.], 1894: 454.

边的工作来支持教育科学。胡威立[1]毫不吝惜文墨来称颂数学，威廉·汉密尔顿[2]则对胡威立的观点予以驳斥。其他科学家则以类似方式，对知识的特定阶段与发展过程进行简要概述，兴奋地喊出："我找到答案了！"他们宣称一切研究的价值都必须依据最新制定的标准来衡量。他们发现，学习与智力训练刺激大脑特定区域变大，而训练的价值与这些大脑区域受到刺激后的大小成正比。具体来说，测量（刺激大脑部分）血液的循环，成了衡量莎士比亚、贝多芬和达·芬奇作品鉴赏（这种智力训练）是否有价值的唯一方法。[3]

哲学与科学能够为那些见闻不广之人提供常见的答案。假若精神与理性真能统领世界，那么最有价值、最恒久的知识恰在灵魂层面。从美和崇高中产生的那种微妙的感觉，是人类精神洞察力的一部分。而这种微妙的感觉，是人类所能达到的最高成就。这种微妙的感觉以多样化的形式，通过但丁的诗篇、托马斯·肯皮斯[4]的散文、拉斐尔的画作《西斯廷圣母》和莫扎特（Mozart）的音乐《安魂曲》展现出来。在教育方面，这种感觉还借助艺术与文学来发展，借助哲学来解释，借助宗教来滋养。它代表了人类更高级的本性，是人类最宝贵的财富。如何直接体现这种感觉，或者如何培养这种感觉已成为最具价值的研究。布

① 胡威立（William Whewell, 1794—1866），英国科学史家、科学家。——译者注

② 威廉·汉密尔顿（Sir William Rowan Hamilton, 1788—1856），爱尔兰数学家、物理学家。——译者注

③ 括号里的内容是为方便读者理解而添加的。——译者注

④ 托马斯·肯皮斯（Thomas à Kempis, 1380—1471），文艺复兴时期德国作家，著有《效仿基督》一书。——译者注

拉泽·阿沙勒斯[1]用华丽的辞藻和极富表现力的语言这样阐述："注视着拉斐尔和牟利罗[2]的画作，直到美进入我们的灵魂，美的光照亮我们内心深处的幽暗。从内在意识的最深处，我们探触到了我们一直关注着的、能反映出美的事物。这种感觉恰如许久未见的老友突然出现在你眼前。现在，出现了这样一种认识：我们的感官训练越是谨慎小心，我们就越能敏锐地感受到美的事物，并且能够发现这些感受所产生的永恒欢乐，也越早且越强烈地产生上述认识。随即，这种认识让人们产生一种朦胧的向往与渴望。那它究竟是什么意思呢？这是一种理想化的认识。"[3]无论在文学艺术方面，还是在制度生活方面，要对人类精神的伟大作品进行全面的赞颂与鉴赏，高等教育就必须投入其全部的力量。对哲学本身的研究，抑或是对其他学科进行的哲学化研究，无论这两者一开始的差异有多大，它们终将达成共同目标。而实现这一目标的方式就像人类的兴趣爱好那样广泛，这些方式同宗同源，相互结合，目标一致。寻找真理是具体的方式之一，马修·阿诺德[4]对此作出如下界定："借助广为人知的最佳事物和人类精神发展史来了解我们自己。"[5]

人文主义思想通过彼得拉克（Petrarch）和伊拉斯谟（Erasmus）传遍欧洲，它目标远大，万众期待，让人们了解了它的真理与永

---

① 布拉泽·阿沙勒斯（Brother Azarias, 1847—1893），爱尔兰裔美国教育家、哲学家。——译者注

② 牟利罗（Bartolomé Esteban Murillo, 1618—1682），西班牙画家。——译者注

③ AZARIAS B. Phases of Thought and Criticism[M]. New York:[s. n.], 1892: 57-58.

④ 马修·阿诺德（Matthew Arnold, 1822—1888），英国诗人，评论家。——译者注

⑤ ARNOLD M. Literature and Dogma[M]. New York:[s. n.], 1889: xi.

恒。而人文主义却在斯特拉斯堡大学校长斯特姆（Sturm）的引导下成为一潭死水。斯特姆用呆板的形式、粗鄙的言辞将这所大学严格地束缚起来，影响达几百年。我们对人文主义的评价，就像佩特[1]评论15世纪文艺复兴时所说："与其说它因成就而伟大，不如说它因构思而崇高。在文艺复兴时期亟待完成，或者已完成但存在不完美之处的事业，都被18世纪的启蒙运动或在我们这个时代完成了。而真正属于15世纪文艺复兴的只有重要的天性、好奇心和思想萌芽。"[2]

许多人文主义代表人物胸怀开阔，他们对人文主义的支持源于广博的学识。伊拉斯谟在其他方面的创作热情甚至比文学还高。他曾表示："学问开始在各地如雨后春笋般涌现，语言、物理、数学等各个学科正蓬勃发展，就连神学也方兴未艾。"[3]遗憾的是，人文主义者对于各领域知识产生的广泛思想却无从让大众知晓。早期的宗教与哲学曾让世界熠熠生辉，现在它们却令人惶恐不安，遭到冷眉冷眼且被视为异教。一场关于文学与科学相对价值的论战曾在这荒诞不经的土壤中产生，甚至到了今天，这种争论还以各种形式延续着。持续论战带来的辛酸苦痛，还有政党之间的矛盾对立，都掩盖了我们现在能够清楚认识到的真理，那就是，万物皆由内在理性构成。这个真理尽管在自然界和精神世界中表现形式不同，但都是真实存在的。谢林（Scheling）提出，自然界是精神世界的胚胎形式。福禄贝尔（Froebel）则认为，"上帝的灵魂存在于、生活在以及统治着自然界，它通过自

① 佩特（Walter Pater, 1839—1894），英国文艺批评家、作家，提倡"为艺术而艺术"的英国唯美主义运动理论家和代表人物。——译者注

② PATER W. The Renaissance[M]. New York:[s. n.], 1888: 34.

③ FROUDE J A. Life and Letters of Erasmus[M]. New York:[s. n.], 1894: 186.

然界表达与沟通，由自然界进化与培养”。虽然现在大家已经开始关心教育的标准与理想，但是关于科学的教育价值的争论仍旧是那么的虚无缥缈。这是一场仅仅以文字为武器的模拟战争，焦点在于要么将自然排除在教育之外，要么一切教育受自然的管控。我们应当引用弥尔顿庄严的诗句来说明：

> 不应谴责自然，因为她已经完成了她的分内之事；去做你该做的。

这句诗无疑是告诉我们要愉悦、诚挚而虔敬地研究自然，人类内在精神的力量与庄严则通过人类获得的成果强有力地表现出来。我们必须扩展人文学科这一概念，因为它比我们目前想象的更广泛深刻。而且，它触及整个宇宙的方方面面，合理地说明了自然科学应该像语言研究一样，被囊括在人文学科当中。

目前，学校以开放的心态接纳了科学教育，在教育的各个阶段充分利用其机遇与优势。这样的结果既不是指所有学科的教育价值平起平坐，也不是指在某些方面这些学科能相互替代与转化。它是指对自然的研究要像对文学、艺术和历史的研究那样得到广泛认可。不同学科间形成了一种优劣顺序，而这种顺序，由人类对教育材料进行有意识思考的程度所决定。这种优劣顺序不可避免地会引导我们将科学的研究置于历史、文学、艺术及制度生活的研究之上。但如果我们忽视自然教育，那么上述研究将无法继续。从实际意义来看，这些研究都属于人文学科范畴，错误的教育哲学既会隔绝我们与任意一类学科的联系，又会否认学科之间的共通之处。在每一个知识领域里，都会有一些能量法则和不同的能量表现形式，而最原始、最高的能量便属人类的意志。

在自然界，这些能量通过一系列的形式展现，比如像大众熟知的化学、物理和生物；而在人类历史长河中，这些能量又通过感觉、思维、行为和制度体现出来。由于自我意识和反思存在于人类历史中而非自然界中，因此我们有必要将这种形式的能量以及关于这些能量的知识置于教育价值的首位。

弗鲁德（Froude）先生曾表示，教育涵盖两个方面。他说："教育培养人的理性，提升人类精神世界。它超越物质利益，凌驾于苦乐悲欢的世俗世界之上，让人类追求更高的精神品质而非一味关注物质生活。"[①]我一直在思考着教育的这一面，因为我们的灵感与理想皆来源于此。但是，弗鲁德还指出，大众的投机生活将成为一种懒惰且无用的生活。乞讨、偷窃和工作是人类的三种生存方式，人们必须在这三者中选择其一。要想保持自己的勤劳和独立，人们必须工作；而教育，为工作的人们提供了谋生的手段。教育及其实用方面能让人们感觉到教育价值的所有力量。因此，学校不能完全忽视教育的直接效用。倘若学校成为公民的训练场所，那么学校必然要行之有效、条件齐全，教师也必须训练有素、学识广博。学校提供的教育必须行之有效、立竿见影。虽然这样的信念本该如此，但它又使学校处于另一种危险当中。"功利"一词有广义也有狭义。功利既有高尚的功利又有粗俗的功利，但是正直的教师无论如何都不会允许以后者牺牲前者。如果强烈要求儿童自行解决问题，那么学校很有可能对充分激发人性、提供更高层次的智力与精神生活的基础教育视若无睹。只有从幼儿园到大学的课程主题确定下来，基础教育才算准备就绪。这些课程主题既为智力和意志的直接产物，又能直接满足人类对

① FROUDE J A. Short Studies on Great Subjects[M]. New York:[s. n.], 1872(2): 257.

更高层次自我本心探讨的需求。甚至从功利的高尚含义来看，由于一些显而易见的因素，科学研究及应用都具有其效用性。人的理性自由成为目标，而科学成为达成此目标的基础。

这种科学观也得到了丁达尔[①]教授的极大肯定。21年前，他曾在贝尔法斯特发表著名的演说，强烈抨击对这种观点持有偏见的人[②]：

> 科学本身经常从超科学中获得动力。而其中一些最伟大的科学发现却受到非科学理想的影响。这样的例子不仅在古时候，甚至现在还经常发生。迈尔[③]、焦耳[④]、柯丁[⑤]这些人与最伟大的现代科学理论密切相关，因而他们也受到这些理论的影响。针对此问题，兰格（Longe）也曾发表他的看法："科学并不总是使人类做到正确、客观，帮助开发智力，引导他们获取最完整、最真实的知识。由于滑动的物体沿捷线比沿斜面更直的路更快到达终点，所以，相较于直接理解，对理念游移不定的思索过程反而能使我们更快接近真理。"胡威立则认为，暴躁易怒产生的激情对科学是种阻碍，但他指的是智力不足之人的激情。只有强烈而坚定的热

① 丁达尔（John Tyndall, 1820—1893），英国物理学家，发现"丁达尔效应"。——译者注

② TYNDALL J. Presidential Address, British Association for the Advancement of Science[R].Belfast, 1874.

③ 迈尔（Julius Robert Mayer, 1814—1878），德国物理学家，能量守恒定律的发现者之一，热力学与生物物理学的先驱。——译者注

④ 焦耳（James Prescott Joule, 1818—1889），英国物理学家，发现热学上的"焦耳定律"。——译者注

⑤ 柯丁（Ludwig August Colding，1815—1888）丹麦土木工程师和物理学家，他与焦耳和迈尔几乎同时阐明了能量守恒定律。——译者注

情才能对科学家产生帮助作用；年迈的科学家生产力下降，其原因应归结为激情的减退，而非智力的衰退。巴克尔(Buckle)先生曾试图让智力成果从道德力量当中分离出去，但他的这一观点犯了很严重的错误，因为，倘若没有道德力量的驱使，那么智力成果无疑将会很缺乏。

曾有人说科学与文学是分离的，但这一言论及类似言论是缺乏知识导致的。只要我们稍微翻看科学引领者们诸如赫尔姆霍茨[1]、赫胥黎（Huxley）和杜布瓦·雷蒙[2]的著作，都会看到他们在其中体现出的文学广度。在现代作家的作品里哪里还能看到这样精炼旷达、朝气蓬勃的文字风格呢？科学并不是绝缘体，而是在竭尽全力地增加人类精神财富。科学凭借一己之力，依靠着内部力量而非外部支持，已经建造了全人类需要的至少很大一部分的精神大厦。如果粗糙的墙面和突出的房梁意味着这座大厦还未施工完成，那么，要顺利完工，就需要在已完成部分的基础上将其他部分巧妙地结合起来。当然，没有必要纠结哪些是已完成的部分，哪些是亟待完成的部分。苏格拉底的道德光芒照亮我们内心，阿那克萨戈拉（Anaxagoras）的自然科学虽与它并不矛盾，却在当时遭到了苏格拉底的嘲讽。如果放到今天，苏格拉底恐怕不会再这样轻视自然科学了……

这个世界不仅有牛顿，还有莎士比亚；不仅有波义

① 赫尔姆霍茨（Hermann Ludwig Ferdinand von Helmholtz, 1821—1894），德国生物物理学家、数学家。——译者注

② 杜布瓦·雷蒙（Du Bois-Reymond, 1831—1889），德国数学家。——译者注

耳[1]，还有拉斐尔；不仅有康德，还有贝多芬；不仅有达尔文（Darwin），还有卡莱尔[2]。人的整体本性不单单存在于他们中的某一个人身上，而是存在于他们所有人中。他们并非水火不相容，而是相互补充；并非相互排斥，而是可以和谐共处。人类倘若对上述伟人的思想都不满足，而是向往精神发源地，为了达到思维与信仰的统一，也会对从发源地产生的神秘力量兴趣盎然。只要做到这些，不仅任何偏见都将不复存在，而且，在启蒙思想的影响下，极度僵化死板的概念也将难觅踪迹。在之后的年月里，人们必须根据自己的需要，突破唯物主义的局限，自由地选择神秘事物。我敢肯定，相较于认知能力，这种最高尚的行为更能被唤作人类的创造力。

虽然人类在生理构造上与某些低等生物具有一定的联系，但是也具有其独特性。低等生物的行为由感觉与瞬时冲动决定，而人类却能超越瞬时冲动，在思想领域找寻真正的生活。同样地，人类的意志能逐渐摆脱外界的束缚，通过持续的行为变得更独立自主。借用爱默生（Emerson）的文雅的表达：人类这种特质构成了人格，并成为人性与道德秩序的媒介。自由意志既非形而上学概念，也非看得见、摸得着的自然形成之物，它从人类精神生活中发展而来。自由与理性其实是同一种事物的两种名称，两者会一直发展到人类生命的终结。这种发展并不像洛克（Locke）

① 波义耳（Robert Boyle, 1627—1681），英国化学家、物理学家。——译者注

② 卡莱尔（Thomas Carlyle, 1795—1881），苏格兰哲学家、评论家、历史学家。——译者注

认为的那样，是一种被动的、曲折的接受过程，不需要意志与行为的相互作用。它从孔狄亚克[1]和邦尼特[2]提出的假设当中产生，成了精神生活的一部分。

霍桑[3]在其《玉石雕像卷》中发表了不俗言论，认为雕刻家的任务并不是将人物形象雕刻于大理石上，而是通过了解被雕刻者，将光辉温暖从冰冷而坚硬的石块中逐渐释放出来。布朗宁[4]也曾用文字借帕拉塞尔苏斯[5]之口表达相似看法：

真理存于我们心中，
无论你的信仰为何；
都无须外部的参与。
在我们灵魂最深处，
存在圆满的真实性；
肉体突破层层阻碍，
真理定会不言自明。
并非释放封印光芒，
而从黑暗找寻光明。

---

① 孔狄亚克（Etienne Bonnot de Condillac, 1714—1780），法国作家、哲学家。——译者注

② 邦尼特（Charles Bonnet, 1720—1793），瑞士自然博物学家、哲学家。——译者注

③ 霍桑（Nathaniel Hawthorne, 1804—1864），美国心理分析小说开创者，美国文学史上首位写作短篇小说的作家。——译者注

④ 布朗宁（Robert Browning, 1812—1889），维多利亚时代诗人。——译者注

⑤ 帕拉塞尔苏斯（Paracelsus, 1493—1541），中世纪欧洲医生、炼金术士。——译者注

我相信，哲学与科学上的真理都能通过这类诗歌表达出来。它为教育理论提供了基本原则。它用事实告诉我们，教育能扩展精神世界，让智力与道德变得更加完善，帮助我们摆脱“教育是人为作用下机械僵化的过程”这一观点。最后，我们确信：所有的知识都有价值，因为知识能引导我们回归到人类的共同事业与共同基础上。它是与人类最高形式的精神活动关系最为密切的最有价值之物，这种精神活动是按照神的形象创造出来的。

3 是否存在一种新型的教育

在中部州和马里兰学院与预科学校联合会上的主席致辞，宾夕法尼亚州伊斯顿市，1895年11月29日。

这篇文章的题目被我有意设计成了疑问的形式。其目的在于“抛砖引玉”以引发不同的观点，因为不同的观点在思维上常常比枯燥乏味、平庸无奇的一致观点更加有价值和富有创造力。观点上的差异引发怀疑，怀疑引起探索，探索最终通往真理。维吉尔[①]曾说过这样精妙的话：“了解事物缘由的人是幸运的。”这句话表达了深刻的真理，但是更幸运者仍然是那些通过认真地质疑这种切实可靠的方法来获取知识的人。

我们这一代人对进化论所做的努力一直是空头支票；但是，只有经过漫长的时间和艰苦的努力，传统的讲演方式和思维习惯才能适应那些能够有力引发我们理性和想象力的新观点。相对于其他知识领域，这一点在教育中更为准确。教育在本质上是保守的，它珍视日久年深的方法，尊崇古老悠久的标准。精神财富太珍贵了，不能遭受由于变化带来的哪怕只是轻微的损失或伤害。这种观点在我们的实践中找到了立足点，因为，毕竟除了旧方法与旧标准本身的优点，特定时代的教育理论和教育实践都必须与那个年代的知识观念、道德观念及文明的物质基础紧密相连。无论是较长的一段时间，还是相对较短的时间，这三者无疑是经常变化着的。道德是什么？诚如苏格拉底所说——美德即知识，抑或如亚里士多德所主张——美德是习惯的结果，又或如曼德维尔（Mandeville）所论——美德是统治者狡诈的发明，还是如边沁（Bentham）所定义——美德不过是计算快乐与痛苦的可能性的技巧？这对教师来说是个极其严肃的问题。知识是什么？如果我们的理想是成为像莱布尼茨或格莱斯顿（Gladstone）那样思维敏捷、拥有无穷活力和广泛兴趣的人，或者是达尔文主义者或日耳

① 维吉尔（拉丁原名Publius Vergilius Maro，后世拼作Virgilius，70 B.C.—19 B.C.），古罗马诗人。——译者注

曼语言学家那样的人，他们过于注重其研究是否包括了动名词和与格，其知识充斥着狭隘而沉闷乏味的专业化，那么知识首先对于高等教育而言是重要的，最终对于基础教育来说也是重要的。另外，我们的教育应当直接取决于我们所处时代的物质基础。在这个印刷机数不胜数的时代，不幸的是，印刷的能力与其辨别的能力不成比例。我们不必强迫自己重新审视从手稿与马鞍时代流传至今的原则和方法。这种质疑已经持续了一段时间，而且在很大程度上促进了人们对教育的热情和信任，这种情况的证据随处可见。

研究教育有三种科学的方法，在每种方法中发展的观点都是兼具启发性与限制性的。这三种方法分别是生理学、心理学和社会学的方法。三种方法关系密切，并且相互之间有许多共同之处。现代心理学早已摈弃在无视生理基础的前提下研究思维的做法，并且迟早也会将任何未与社会生活或意识相联系的阐释视作缺乏完整性。人存在于制度中，制度化的生活和人类物质的存在、精神的建构一样，都是人真实自我的一部分。《鲁滨逊漂流记》所描述的内容，用现在流行的话来说，不过是纯粹的空想。

必须要承认的是，这种观点既陈旧又新颖。说它陈旧，是因为亚里士多德早就写道："人天生就是一种政治动物。因本性而非偶然因素脱离城邦的人，他要么是君子，要么是鄙夫。"说它新颖，是因为它与卢梭提出的"或被迫违反天性，或被迫违背社会制度，我们必须在塑造公民与塑造人中做出选择，因为二者无法同时实现"的理论恰恰相反——此理论虽生硬浅薄却并未妨碍其产生广泛而持久的影响。现代哲学反复地证实亚里士多德的论断，并且它对于18世纪后期极端个人主义的摒弃已逐渐成为常态。现代哲学的意义对于我们的教育理论是至关重要的。

现在让我们回到现代教育研究所依赖的三个基础中的第一个——生理学。简单地回忆一下我们曾经对它进行怎样的思考，或许会对现代教育有所帮助。所有的文明古国都强调生理学的重要性，其中一些国家通过系统化的方式将其落实。但是，只有古希腊人领会了游戏的教育价值。他们盛大的全国性体育赛事将系统的体质训练与游戏结合起来，这一方式我们至今仍无法企及。然而，统治中世纪学校的禁欲主义的教育理念，没有为古希腊的这个做法留下任何延续的空间，以致它被遗忘了。而今天，我们正在努力地效仿古希腊的做法。在德国，系统的身体训练在教育中受到了充分的重视，但是游戏的真正重要性却并未凸显。与此相反，在英国，人们发现游戏在增强身体的力量、柔韧性以及塑造坚毅独立的品格方面发挥了重要作用，以至于其他任何接近于系统、正式训练的做法都被认为是近乎多余的。在美国，现今的趋势是同时发展身体训练和游戏两方面，而且我们期待其结果比当年在雅典和科林斯更令人满意。

但是，现代教育在身体和生理方面考虑的要素远不止于此。我们需要关注学校作息时间、计划与任务、教学用具，以及教室的光线、温度和新鲜空气等问题。对于这方面的论题，我们最近有了许多深入的认识，但却没有找到真正将它们应用于实践的方法。高校和中小学校的教职员工、考试制定者、实验室和宿舍楼的捐赠者，以及最重要的建筑师，往往习惯性地忽视切身利益者，即与此密切相关的学生的利益。学校传统、便利性、教学成本、学校外观等方面得到了充分的考虑，然而正处在成长阶段的青少年却必须尽可能地去适应那些统一制度。例如，一些大学和预科学校的教师对弗朗西斯·华纳（Francis Warner）关于营养不良和身体虚弱症状的描述，以及莫索（Mosso）和伯格斯坦

(Burgerstein）等人关于人体精神和身体疲劳规律的研究的熟悉程度，如其对《摩奴法典》一样熟悉。然而，这些研究却深深地困扰着进入大学、步入课堂的每一个年轻人。即使有再多的关于古代经典价值的精彩雄辩，即使强调性格发展是教育的唯一归宿，也无法改变我们没有很好地研究教育领域中的身体与生理因素的事实，以及我们在应用这些因素上的延误。我们应当时刻提醒自己：邪恶与缺点如影随形，要考虑我们对生理学方法无知的道德后果。①

心理学与教育的关系是当今教师们应当了解的一个重要话题。对于这门课程，众多的师范学校和各地的大学都有明确的指导。然而，通过对使用中的最流行教材的考察以及对数以百计的教室的参观，我确信，心理学知识在中等教育和高等教育领域的应用成效微乎其微。相比之下，小学教师远远走在前面。在美国，或许没有哪一所中学和大学教师在掌握科学方法与技能方面的教学能够与许多公立小学教师最好的教学相媲美，在西部一些州尤其如此。因此，我们可以有把握地推测，那些刚从组织完善的小学毕业、在智力和道德方面获得良好发展的学生，弃我们一般学校的机械方法和无趣的课堂训练如敝履。小学教师拥有最为自由而有力的教育生命力。各地的中学校长、大学校长或教授，对于教育本身有着真诚而理性的兴趣，但他们绝大多数人对真正的教育含义却一无所知，而且很少受到教育的影响。他们只是满足于积累他们所谓的“经验”，但是“经验”与教育的关系就好比电车司机与电力科学的关系——他们应用着电，但对电的本质、原理、应用过程却极度忽视。当一名教师的“经验”极为突

①HALL G S. Moral Education and Will-training[J]. Pedagogical Seminary, 1892(2): 72-89.

出的时候，这恰恰成了他身上最应该担心的一点，也是最值得我们探究的一点。我对所谓的“经验”表示深深的怀疑。纯粹的经验主义者永远都不会有真正的经验，与动物没什么太大区别，因为他们对于呈现在他们面前的现象不会提出问题，因此也就无法真正理解这些现象。相反，科学的教育者会追问他面前的这些现象是什么样的，它们之间有着怎样的内在联系以及基于什么样的原理。所有科学的教育方法都会包含上述步骤，这无疑是我们了解事物成因知识的关键一步。基于此，我们找到了教师需要掌握准确的心理学知识的原因。教师在教室中做的事情从根本上说是基于学生的心理过程与心理发展的。除非学生的心理过程和心理发展被科学地研究并理解（这并不常发生），或者教师先天的心理洞察力弥补了其在心理学方面的无知，否则教学将注定是机械的。这种情形持续得越久，教师就会获得越多的“经验”，教学也就变得越发僵化和机械。

不久前，我在一所大学里听了一节本科生的现代史课，学生的平均年龄在18岁以上。学生们手中的教科书是非常基础的教材，在东部和西部的公立高中都常常被使用。老师是一个大学毕业生，而且任教已有几年。这几年给了他成年累月的“经验”，而且这种“经验”一定是作为一项重要资质被极力推崇的，因为他即将升职或调任至另一机构。然而，在我所听的整整一小时的课中，他都在讲授教材的概要。他告诉我，这是他一贯的方法。学生们百无聊赖、无精打采地一个字、一个字地记笔记，在课程终于结束时发出一声绝望而如释重负的叹息。这一过程每周都要进行几次，并且要持续一年或两年的时间。我从那位老师那里得知，他称这种方式为“把事实深入地灌输给学生”。据我所知，他一直在“灌输知识”，现在已经获得让其受到赞扬的额外

"经验"。

不久前，有一家著名出版公司出版了一本打了很多广告的某学科教材，这门学科现在被广泛教授。从开展真正的教学、激发学生对学科的兴趣，鼓励学生进一步追求、研究和内化知识的任一目的来看，这本教材与其他类似的教材一样是不适合教学的。而作为一本帮助学生记忆并且回答固定问题而简单重现事实和日期的摘要，这本书倒是清晰而简明的。这本书的出版商最近又发行了这本书的评注本，书后还附有40位高中、大学老师署名的对这本教材的联袂推荐。我想说明的是，这40位老师要么缺乏教育智慧，要么缺乏教育责任，也许两者都缺乏。

如果没有学习足够多的心理学知识，研究者不可能发现上述典型案例以及在中小学和大学中许许多多的其他案例；但是对教师进行心理学培训可以有效减少类似情况。罗伊斯（Royce）教授指出[①]，几年前，教师从心理学学习中首先获得的并不是心理过程的规律，而是心理学的精神。他还提到，教师应该是博物学家，要培养自己观察学生精神生活的习惯。在这一过程中，教师应遵循所有博物学家常用的方法："这是生物的哪个器官？它为什么会这样动？它正在做什么？它表现出了怎样的感觉和情绪？它显示出了什么样的基本智力类型？"诸如此类的问题有助于教师形成观察和关注学生心理活动的习惯。这种习惯是通往优秀教学的诀窍，而这种习惯的形成就是心理学给予课堂的最大帮助。如果一个教师没有形成这种习惯并且将其应用于教学过程，那么他所做的根本就不是教育，至多只是在讲授或是听学生背诵。

当前美国教育界对两种心理学理论有着广泛的兴趣，这两种

① ROYCE J. Is There a Science of Education?[J]. Educational Review, 1891 (1): 16–25, 121–132.

理论——统觉理论和兴趣理论，对所有教学都非常重要，这首先要感激赫尔巴特（Herbart）的门徒及其追随者。统觉理论与精神同化相关，兴趣理论与个性和理想的形成相关。我知道大学第一年的课程在应用这两种理论方面最有成效。但是据我观察，针对大学新生的教育工作效果是十分不尽人意的。承认这一事实的大学教师通常认为，由于学生的特长不同、接受的培养方式不同、拥有的思维习惯不同，因此他们很难成为同一类型的人。的确，这项任务不只是困难的，而是根本无法实现的，也是不受鼓励、不应该去尝试的。这种情况之所以在许多大学年复一年地上演，是因为班级授课制的束缚。虽然班级授课制违背了神和人的法则，但在我们的专业术语里，却赢得了“良好的教育”的赞誉。如果我们对统觉理论能够有所借鉴，这一切都将改变。随着实践的进行，我们应当从心底里认清：思维并不是进入感官的外部刺激的被动接受者，它会根据一定的偏好、观点和既有经验对外部刺激做出反应、进行加工并最终同化为自己的一部分。而每个个体的偏好、观点和既有经验又存在着差别。我们应该首先理解这些差异，并且使之成为我们教学的依据和基础，而不是忽视或企图消除它们。如果在新生入学第一年的第一个月就仔细地查明每个学生的能力和知识发展水平，那么，由此计划并调整我们这一年的教育工作，使之起到有效的作用就成为可能。然而我所知道的相反的例子比比皆是，在这些例子里，所有学生都被不顾差异地视作拥有同一水平，接受同样的要求，这就使得大学课程成了一种“积极的伤害”，这种教学方法甚至导致很大比例的大一、大二学生在学年末选择了辍学。然而，只要大学教师因缺乏心理学知识而墨守学校教条，同时不顾教学实际，为了训练学生的推理能力而过分强调数学或是为了培养学生的某种能力而过分强调希腊语语法，就一直会为了使每一个人学生受益而使另一个学生心灵迷失和受伤。对此，帕克（Parker）上校就曾经富有说服力地指出："我们不断地提及我们原有的方法拯救了多少人，可是有谁计算过迷失者的数量呢？"

至于兴趣理论，也存在类似的情况。我们一直抱怨，学生总是忘记学校里教授的重要而有益的知识，以至于这些知识无法得到拓展和应用。出现这种问题，原因当然部分在于学生，但是更大程度上在于我们自己。兴趣到底意味着什么，兴趣如何由间接变为直接，以及兴趣如何发展为个性中的稳定因素，这些仍然有待我们学习。我们既不善于寻找、抓住学生当前的和暂时的兴趣，也不善于将其作为教育因素进行应用。我们常常听到这样的说法：既然生活中充满着艰难险阻，性格就是在克服困难中得到磨砺的，那么学校的课程就应当毫不犹豫地强迫学生去做他们不喜欢的、感到困难的事情。我毫不犹豫地说，这种说法是极其不道德的，其后果更是灾难性的。但是，这种说法的确道出了一点：绝不要完全听任学生一时的兴致，任由他随心所欲地选择做或者不做。在这一点上没有选择的余地。真正科学合理的课程是探寻学生天生的兴趣，并且使这种兴趣成为其根基。这并不简单，需要教师的知识、耐心和技巧。相比之下，班级授课制就简单多了：用相同的方法对待整个班级，通过设置一门必修课程促使学生克服障碍，并徒劳地希望较软弱和胆怯的学生不会受到伤害，而较坚强和自信的学生会获益。我诚恳地希望每一位教师学习"统觉"和"兴趣"这两大理论。我坚信，这种学习的实际效果对美国任何一个教育机构教学效果的提升都会是一种有力的促进。

"教育的社会学方面"在教育的许多方面中是最重要的。在这一主题下可以引出许多关于教育的问题，如教育的目的和局限性，教育与国家的关系，教育的组织和管理，以及要开设的课程。现在我想谈一下其中一个话题。哈里斯（Harris）先生在其著名的有关学习关联性报告的开篇部分，对“课程要么根据传统，要么根据整体的心理条件来确定”的观念进行了最后一击。他指出[①]：“国际象棋对于训练注意力和抽象组合的计算提供了很好的课程，但是它很难或者几乎无法为学习者提供关于人或自然方面的知识……在解决关于学习的关联性问题中，生理心理学和内省心理学的作用都是次要的。”同时他表示，需要考虑的首要因素是“一个孩子所处文明的要求，这不仅决定了他在学校里需要学什么，也决定了他进入学校之前在家里习得了怎样的习惯和习俗；同时也决定了他要在走出学校后，对一系列特定行业、专业或职业中的某一个知识技能充分了解；此外，学生与其所属文明的关系决定着他需要承担的政治义务，以及引导他生活的宗教信仰和精神诉求”[②]，而除此之外的其他因素都是次要的。

正是在这一点上社会学视角的教育研究开始了。课程不应该被迫适应教育机构事先形成的制度体系，相反，课程应该完全地决定并支配教育机构的发展方向。如果能够做到这一点，我们教育系统中的“灰姑娘”——中学的问题就能迎刃而解。但现在，中学被挤进了小学和大学之间的夹缝里，却又与两者之中的任何一个都缺少合理而有序的联系。一直存在的大学入学问题纯粹是人为的，我们巧妙地制造了这一问题，却没有巧妙到足以将其解

① HARRIS W T. Report of the Committee of Fifteen on Elementary Education [R]. New York, 1895: 42.
② HARRIS W T. Report of the Committee of Fifteen on Elementary Education [R]. New York, 1895: 41.

决。莱布尼茨可能会说，心理发展与大自然一样，不存在突然的转变，这是一个持续的过程。“16与17岁或是17与18岁之间存在着鸿沟，只有大学入学考试这一桥梁才能将两者连接起来”这样的想法，即使随着时间流逝也很难令人信服。对于学生们来说，从中学毕业进入大学应该像在学校里结束一门课程到学习下一门课程那样自然而又简单。同样，学生们在中学学习的内容和方法应当容易并且逐渐地引导出他们在大学学习的内容和方法。在这方面的欠缺是法国和德国教育系统的主要缺点之一。而美国的学院作为实施宽泛的自由教育，研究自由学科之间普遍而深远的关系的场所，是必不可少的。在学生进入大学狭窄的专业化学习之前，这些学院允许和鼓励他们最大限度地拓展其学习领域。值得高兴的是，美国的学院与大学之间没有设置人为的障碍，学生在大学和学院之间转学非常容易，而且按惯例承认任何学院的学位都仅出于学位本身的意义。从小学升入中学就像从低年级升至高年级、从低级课程升至高级课程那样简单，我们的假设是学生有能力且已经做好了进行更深入学习的准备。中学和大学之间的障碍是我们依然固守的唯一障碍。有意进入大学的学生必须接受大学教师的打击，尽管他们对这些学生们的特点、所受的教育及其才能一无所知，却仍要用他们所能想到的最棘手的问题极力挫伤学生几个小时。不必说为了更健全的教育理论，即使是为了提高大学的入学率，这种做法也应该停止，入学前的正式考试数量也应降至最低。

尽管大学的权威专家极力反对，但公众舆论本身正在促使课程内容的拓宽。在美国的教育实践中最荒唐的事情之一就是：教育实践源自于母国，向学生提供被命名为“自由”的教育，这种教育是为了有限和专门的目的而创造的，而有限和专门的课程已经被视作这种教育的唯一特点。美国的教育在过去几个世纪里已经被非常不恰当地自由化了。希腊语教师们激烈的争论应该得到一点缓和，因为这些教师已经习惯去抵制现代语言、自然科学和经济学的发展。如果这些教师还记得的话，这其实和几百年前是否将希腊语排挤出课程之外的争论是一样的。弗里德里希·保尔森（Friedrich Paulsen）的主张无疑是正确的——现代世界已经发展出了自己独有的文化，尽管这种文化是古代文化自然发展的结果，但是它与古代文化截然不同。这种现代文化正是我们的教育必须引领的。对于任何课程我们首先要问的问题是：这门课程是否为我们当代文明带来了某种知识？如果答案是否定的，那么此课程既不是有效的也不是自由的。

当今社会，在我们的各种努力和问题之中，经济占主要地位——古希腊人也许称之为政治。从经济和社会视角来看，只有坚持不懈地奋斗，年轻人才能获得合适的受教育机会。他们被认为太年轻或不够成熟，所以无法学习那些深奥晦涩的学科，即便希腊语语法与时态的区别、圆锥曲线的原理以及其对数学思维能力的高要求对他们来说稀松平常。结果，数以千计没有足够的时间和经济条件又不愿上大学的年轻人，在离开学校以后，要么对现代社会的经济基础一无所知，要么只掌握了最粗浅或充满谬误的那部分“知识”。学校不教授深奥学科的规定显然是站不住脚的。因为在这个国度，我们已经习惯每两年或四年，将主要是经济方面的提案交由民众来公决、投票；但是，大部分参与公决或投票的民众却对经济知识一窍不通。假如政治实际上只涉及化学与经济学，那么，同样通过大众投票这种简单明了的方式，我们就可以得到原子理论“权威可靠”的结论，并掌握氦的真相。但是，与我们的生活联系最紧密的是经济学方面的知识，而非化学或语言学知识。因此，经济学知识需要在每一门课程当中极力体现出来。我们可以把光的波动说[①]、格林定律和维尔纳定律留给专家去解决，但是我们在生产和交换、货币政策和税收问题上大概不能这么做。在本世纪，有关经济方面的问题并没有被认清，经济学也没有受到相应的重视，因而课程并不是自由的。这里我只是引证传统的课程和科学构建的课程之间冲突的例子。可能的话，我会对这一论点及其例证作进一步的论述。

现在，我已经说明了我应如何回答我自己的问题，并已经简要指出了答案所依据的理由。对大学教师和中学校长关于教育科学研究的态度问题作更深入的讨论仍是一个缺少吸引力的任务。有些学者，有时是大学校长，有时甚至是相对严谨的大学教授，会仓促地参与一些有关教育问题的公共讨论，尽管他们对这些问题并没有充分的了解，甚至从未用哪怕半小时的时间来思考。他们把观点当作了知识，用偏见取代了原则。大众期刊和教育协会的论文集充斥着荒谬的文章，这些文章却署有受人尊敬的杰出人物的名字，这些杰出人物做梦也不会想到自己会武断地以物理、生物或语言问题为题材进行写作。令人费解的是，当他们面对同样深奥而陌生的教育问题时，却没有丝毫顾虑。这对大学和中小学本身的影响是非常糟糕的，对一般公众的影响则更为恶劣，公众由此产生错误的崇拜。即使是美国那些规模较大的高校，大多数也存在着问题。除自己直接研究的领域外，对教育本身进行长期和认真研究的教师也是屈指可数的。因此，许多大学教师在决定课程和入学条件方面，并不比他们在决定采用何种通风系统或

① 光的波动说（undulatory theory of light）是关于光的本性的一种学说。它由荷兰物理学家惠更斯于1678年提出，他将光看成一种弹性且机械的纵波，即光的波动。

电气照明方面更有资格。毫无疑问的是，人们迟早会意识到这一问题。上面两个例子都表明，教师应当听从真正懂行的专家的指导。如果大学和中小学教师清楚地认识到学术研究是一回事，而教育实践完全是另一回事，那么从科学的角度上看，就不会出现有些人长期任职于大学或中小学却对教育一无所知。这就好比久居寓所却对其建筑和木工一无所知一样。

约翰逊博士的敏锐使得他能够在迄今不存在、相对较晚才出现和迄今不为人所熟悉的新事物之间做出明确的区分。上述的所有文字都旨在表明，我确信存在一种新型的教育。

4

民主与教育

在纽约州巴法罗美国教育学会发表的演说，1896年7月7日。

哲学家、诗人或者是科学家都喜欢探索这样一个问题：我们该往何处去？但是，大多数人的注意力却被更多个人琐事及眼前利益吸引。不要说制度与理念的趋势问题，仅仅是关于自然意义上绝对的物理方向这个问题，就已远远超出普通人的视域。乘坐驶往西边列车的乘客，在车厢内悠闲地朝东行走，他们能清晰地感知其移动方向和速度。但是，以时速40英里往西行驶的列车同时是以时速1000英里在由西向东自转的地球表面上运行的。不仅如此，地球在太空中以每分钟1100英里的惊人速度绕太阳公转。作为太阳系中的一员，地球还随其他行星向武仙星团中遥远的一点漂移。或许，整个恒星系统，甚至于全宇宙，都有其特定的运动方向和速度。用一种绝对标准来追踪某个物体在地表上的运动路径，这肯定是做不到的！这种想法让我们踟蹰不前，使我们的想象回到一种无能为力的状态。

这种自然意义上的绝对方向，并非指知识和制度概念上的方向和趋势。赞美过去的人确信，文明正呈现出一种衰退的趋势。旧有的秩序发生了变化并让位于新的秩序；而新秩序在他们看来，常常缺乏旧秩序保有的稳健性、理想主义和英勇果敢。赞美过去的人的反对者刚从现代政治哲学家所描述的抽象的人权中发现，希望和承诺仅存于未来；他们观察到，过去记录着社会的愚昧、不完美和罪恶。虽然理智的人不能耐心倾听任何一方支持者的演说，但他仍可以得到原谅。然而，如果此人试图躲藏在愤世嫉俗与悲观主义中，那么理智也会弃他而去。虽然我们并没有希望完全理解我们参与的活动的意义，但是我们能从中学习，追溯它们的起源，估量它们当前的影响。这种积极而谨慎的态度将引导我们获得既科学又富有哲理的观点。

用任何精确或权威的手段来估计目前的发展趋势都是极其困

难的，但是有思想的人会有一种广泛的本能直觉。就像基德（Kidd）在《社会进化论》扉页中所指出的，文明发展过程中的一个特定阶段已接近尾声，我们将迎来一个新时代。19世纪的历史使新时代已经到来的论断变得更加可信。这一论断的证据来自于已经取得的物质进步、科学进展和政治发展。

自本世纪以来所取得的物质进步，比以前所有年代所取得的之和都要多，而且更加显著。我们很难想象我们的祖先生活的时代，要体会和理解它几乎是不可能的。因为如果没有工厂，没有各式各样的产品，没有蒸汽和电力的广泛运用，甚至没有新闻报刊和硫黄火柴，我们日常生活的种种细节将会变得极其不同。这个时代，全新的机械力量和经济力量正发生着积极作用，社会面貌发生了翻天覆地的变化。无人能大胆地预测未来一个世纪还会发生什么。

本世纪科技进步产生的显著且革命性的影响，丝毫不亚于物质上的进步。星云假说曾是一小部分数学家和哲学家绞尽脑汁想要探索出来的问题，而现在它在科学界已经变得司空见惯了。只要是受过教育的人，都会对地质学家赖尔（Lyell），天文学家赫舍尔（Herschel），生物学家冯贝尔、达尔文、赫胥黎（Huxley），生理学家穆勒（Müller），物理学家赫尔姆霍茨（Helmholtz）和伦琴（Roentgen）这些名字耳熟能详。现在这个世界和各个部分展现出来的面貌，在我们看来与我们祖先熟悉的那个社会截然不同。

然而，19世纪最令人瞩目和最令人难忘的运动当属建立民主政府的政治进步。百年来，民主运动因其稳固与顽强逐渐征服这个社会。民主政治在本世纪伊始还是一种妄想。古希腊和古罗马时代民主政治曾经试行过，到中世纪再一次进行了尝试。当时有相当一部分人认为民主政治将会失败。无论民主政治在一个同族聚居的小规模社区成功的可能性有多大，只要被放到国家这个大范围内，它就完全行不通。这个问题的争论焦点在于，政府可能通过由密尔（Mill）提出的“集体的平庸”，而不是由少数的智者来维持。当时的人们认为这实在是荒唐可笑！人们对法国大革命的可怕幻象充满了新奇感。欧洲政要们以半嘲笑半蔑视的态度对刚成立的美国持观望态度；德国在腓特烈（Friedrich）大帝的亲侄孙统治下仍实施君主制度；而在英国，由皮特（Pitt）领导的寡头政治还牢牢控制着国家政权；拿破仑效应在法国达到前所未有的高潮。随着20世纪的到来，这些社会风貌又变得全然不同。一次次影响深远的变革使大英帝国仅留下寡头政治的空壳，民主政治成为英国文明的灵魂与支柱。尽管俾斯麦、威廉一世和威廉二世的君主专制对德意志帝国影响深远，但德国社会的民主化进程仍然迈步向前。经历了一段前所未有的动荡期，法国成功建立政权稳定的共和国。美国则让它的反对者们的希望破灭，向世人证明了那些评论家带有攻击性的预言不过是谩辞哗说。美国人口当时虽不足400万，而且多分布在沿海的狭长地带，但是建国先贤们在这一情况下建立起的政府体制不仅能轻易满足多种族人口的需求，而且能使人口既集中聚居于大城市，也分散在海滨、山川、平原及森林之中。美国经受住了有史以来最伟大的内战的冲击，这场战争是由那些足智多谋、信念坚定的人发起的。内战使社会文明的发展壮大成为可能：人人机会均等，心存感激的美国公民把军事和非军事的最高荣誉授予那些平民家庭的子女。

这种民主现象已变得极其重要且影响广泛，民主思想也逐渐占据主流地位。因此，我们要适时地用历史学家客观公正的眼光和科学家分析问题的方法来研究民主。在19世纪初期，关于民主的著作具有极为重要的意义，托克维尔（Tocqueville）、白芝浩[①]、谢勒（Scherer）、卡莱尔、梅因[②]、布赖斯[③]、莱基[④]等一批大人物皆对民主制度著书立说。上述作家在著作中皆明确表示，民主政治的势头既不可能出现逆转也不会被长期遏制。其中一些民主学习者成了民主的大力倡导者，而另一些人则成为民主的批评抵制者。但无论如何，所有人似乎都开始服从民主这种形式了。

用焕然一新的社会和政治体系替代旧有的体系，这个过程既非连续、平静，也非令人完全满意。政局仍像钟摆一样摇摆不定，且其影响力越来越小。人民对民主的呼声不断。他们指责社会不公和徇私舞弊行为未得到政府的有效控制，人民没有达到共同富裕，甚至还不能通过民主解决生活的不幸与内心的不满。伯克[⑤]表示，上述情况很大程度上是由于这是整个历史发展阶段中的一种趋势，这种趋势把政府中普遍存在的一些问题归咎于现实中人性的构成。但是，至少部分地，也许是很大部分我们没有认识到，这种情况是由于我们对民主观念的应用常常摇摆不定和不够完备，或者对民主责任的片面接受。普通民众容易接受那些浅显易懂的民主论调，但是对更深奥的民主理论通常很难理解。人

---

① 白芝浩（Walter Bagehot, 1826—1877），英国经济学家、政治社会学家和公法学家。——译者注

② 梅因（Henry James Sumner Maine, 1822—1888），英国法学家和历史学家。——译者注

③ 布赖斯（James Bryce, 1838—1922），英国历史学家和自由派政治家。——译者注

④ 莱基（William Edward Hartpole Lecky, 1838—1903），苏格兰历史学家和政治理论家。——译者注

⑤ 伯克（Edmund Burke, 1729—1797），英裔爱尔兰政治家和政治哲学家。——译者注

们高喊“自由、平等、博爱”口号，并将这些文字镌刻在公共建筑和纪念碑上简单易行，但是要能回答“无限自由和完全平等能否兼容并济”这样的问题就不那么容易了。因为已经有人指出，由于人们在才能和应用方面存在着自然差异，自由会直接导致不平等。另外，从经济学角度来看，平等只能在一定范围内通过限制自由的方式获得，它旨在使整个国家有更多权力直接或间接地既约束超前部分，避免其恣意发展，同时促进落后部分不断进步。显然，这其中有值得思考的地方，这些思考能检验民主狂热分子是否在夸夸其谈，并引导他自省是否已完全领悟到民主的含义。

如前所述，民主是一场广泛而新颖的运动，在其发展过程中，我们还未来得及将它的各个阶段与君主专制和寡头政治作细致的比较。在一个年轻的人民的制度观念尚未完全确定的社会，那些政治组织形式的优势是明显的。但随着时间的推移，那些政治组织形式的缺陷变得日益明显。由于投身于民主政治之中，我们常常只看到民主带来的福祉与近代早期由君主制度和寡头政治带来的镇压和罪恶之间的差异。然而，我们必须看得更远，对我们生活于其中的制度生活要有更加真实和深刻的洞察力。

在此，我们找到了民主与教育之间具有密切联系的证据。只要人们的制度化生活方向掌握在一个或几个人手中，人们就不会产生广泛传播政治知识的需要。与此同时，君权神授观念的盛行恰恰反映出人民群众思想上的浅陋无知。而且，那时并不存在这样一种教育理想，既要满足社会与政治的需要，又要向全体人民开放。但是随着国家权力基础的迅速扩大，这一切都发生了改变。美国和法国成为最积极拥护民主政治且民主信念最广泛坚定的国家，全体人民依靠自身才智，用法律维护个人自由，用制度保障私人财产和遗产继承权。由于这种保障机制坚不可摧，关于用公共经费支持公共教育的争论才得以真正平息。

古希腊哲学家在关于国家的性质和功能的著作中为教育理论做出的贡献并非偶然。柏拉图与亚里士多德对人的社会和制度生活有深刻的见解。要和他人生活在同一个社会，就要找到适宜共同居住的条件，包括纪律、指导和训练，而这些就是教育。个人生活的最高形式存在于群居生活之中。道德规范逐渐进入政治或包括政治，对个人的教育即对国家的教育。在希腊发展的鼎盛时期，受过教育的希腊人将参与公共事务视作个人职责或基本权利。对他们而言，个人行为的最高理想就是使全社会获得幸福。如果背离这一想法就要承担严重的后果。也就是说，我们中的大部分人，其中包括那些受过良好教育的人，如果背离这样的想法的话，那么其后果是不言自明的。

既不了解民主国家的政治生活，也没有全身心参与其中，这会直接导致人们对国家及其与公民个人的关系产生错误的认识。国家不再被视为公民个人的总和，至少在思想上，它被认为是一种人为的产物，是政客与幕僚们手中的玩物。个人与国家在某种程度上是相互独立的观点，虽然在现代政治哲学中并不是没有依据，但是这种观点是一种幼稚肤浅的观点。这就产生了一种谬论，即国家要么是被抵制的暴君，要么是受到追捧的慈善家。而无论以哪一种观点为基础，民主政治都不会永久存在。同时，国家使个人生活更加完备，没有国家意味着人类生活的不完整。因此，向民众灌输民主政治理论应该成为民主社会中所有教育的目标，而实现这一目标应该成为每个受过教育的人的理想。

将个人与由个人组成的国家分离在理论上看似行不通，但在实践中这种情况是存在的。这种情况在美国的某些地方要比其他地方更多。我们的宪法制度经过精心调整，使每个人的选择能够影响到共同意志的确定，使建国先贤们还未想象到的政党组织制度和其他政治制度免受伤害，从而有效地防止我们理论上的民主政治变为一种寡头政治，但是这种寡头政治绝不是贵族统治。有时也会出现例外，美国有些受过教育的人会主动或被动不参与实际政治；那些本应引起最有学识的人关注的活动却常常遭到他们的抵制。若是一个博学之人参与政治生活，他会成为公众好奇的对象和茶余饭后的谈资。但倘若此人鄙视不登大雅之堂的艺术和政客蛊惑民心的计谋，他就会变得“不得人心”。在结束短暂的政客生活后，他甚至连一个敷衍了事的认可都得不到。可以毫不夸张地说，任何一个政府的缔造者，至少我们自己政府的政策制定者，都没有考虑到会出现这样的实际后果。如果教育和培训不能使人适应政治生活，要么是我们的政治生活出了问题，要么是我们的教育出了问题。

教师应该带着热情与决心防止个人与国家分离问题的产生。培养学生的公民意识与爱国主义思想，以及在校园里插上国旗都是很好的做法。但这些做法还都只是停留在表面，真正的问题在于进行道德教育。道德教育可以深入道德的根基。历史将会证明这一点。

伟大的民主国家人民所拥有的公共教育，除了推广科学知识和发展文化之外，还有其他的目标要完成。公共教育必须为培养有智慧的公民做准备。一个多世纪以前，伯克这样写道：“一般人接受的政治教育比他们的政治制度落后至少50年。只有极少数人能在不同时间和不同情况下区分和领悟呈现于他们眼前的事物，从而使整体形成一个独特的系统。”这句话是来自一个伟大的政论员的警示，即民众很难对政治问题形成一个完全带有指导性的、合适的观点。然而，除非我们准备放弃民主所依赖的原则，否则我们必须要努力去实现它。这一目标可以部分通过认知、部分通过直接教学、大部分通过范例来实现。同时，“政治”与“政治家”这两个词也要从不受重视的状态中摆脱出来，恢复它们古老而光荣的意义。毫不夸张地说，我们的制宪者们从未想到会有成千上万的聪明人轻视“政治”的这一天，他们也没有想到在民众当中竟然会有因愤世嫉俗而不愿参与候选人表决与政策抉择的态度出现。当然，事实的确如此。11月，纽约州的人民将选出下一任州长。这一职位的权力和威严使得此次选举将成为该地最隆重的活动之一。届时将有150万选民有权参与选举。理论上，任何人都可以被提名竞选这一职位，每个人的政治倾向都会被记下并加以权衡。然而事实上，纽约州必须在2个人之间做出选择，这2名候选人在不超过12个人的建议或命令下，由大概10%的选民选出。如果这样一种制度或者与之类似的制度在宪法刚刚确立时提出，可能会立即遭到反对。“生命权、自由权与追求幸福的权利”在这种情况下似乎也不值得拥有。现在，这种制度被提了出来，但并未引起强烈的不满。如果人民强烈希望终止这种制度，那么一年内它将不复存在。所以，这一制度即使没有得到人们的赞成，它也是因为得到了人们的同意才存在的。这种选举制度的客观结果与理想效果可能同样好，但其对个人的影响则是灾难性的。因为它导致了个人对国家政策的选择既不承担责任又缺乏兴趣，这样不利于产生良好、有序的公民意识。一个好公民无论多么聪明，都不会对政府的公务人员和公共事务吹毛求疵，指指点点；相反，他是政治斗争的持续参与者，有充足的信念和强大的决心通过受人认可的方式去影响整个社会观念。否则，普选权将无任何意义，公共教育也将成为一种奢侈品，而非必需品。

我们在提升自己或为公众利益服务时，不要指责那些在政治上持续做自己感兴趣的事的人，即使我们不喜欢他们的目标和方法。无疑，社会上爱国主义思想与良善比利己主义与堕落更多、更强。社会的改良需要掌握在自己的手中，实施这种改良是我们教育的一个主要职责。

我认为，大多数人对参政态度不积极的根源在于这个不断堕落和腐败的制度对政治标准和手段所产生的恶劣影响。在美国，这一制度把公共职位当作一种政党活动的奖励。这种分赃制度绝对是不民主的，也是有识之士完全无法容忍的。假如用管理某些政府部门的方式来管理学校，我们将看到：在波士顿、芝加哥、新奥尔良和旧金山的市长选举之后，紧接着出现公立学校教师数百次的变动，这种变动仅仅出于政治意图。美国国家教育协会能允许这种情况持续多久，而不会引发从东北部的缅因州到得克萨斯州的抗议？为什么教师作为好公民就得更加容忍有些政府部门的权力滥用呢？当然，我们高兴地注意到社会进步正在消除这种腐败。一些信念坚定的人向公众提出这一问题有近一代人的时间了。现在他们欣慰地看到大量的国家公职正从那些分赃者手中逐渐被夺回。在纽约州，人们在新宪法的制定中就这一问题撰写了宣言。这个宣言受到法律保护，由法院广泛地解释其主要作用，那些反对改革和高效公共服务的人们才刚开始明白该宣言的全部效果。我们将从更加良性的社会氛围和更加可靠的政策中获得更多支持与鼓励。然而仍有许多事情尚未完成。首先必须激发公众兴趣，再对公众进行教育。高效的公共服务标志着文明的进步，而将注意力从公众的需求转移到唯利是图的专制君主则是一种野蛮的行为。作为教师，我们首先要明确，能力不足和未受过教育的人不能进入学校任教。那么，为什么我们能容忍油漆工而非工程师来管理一座拥有10万人口的城市的公路与街道呢？或者，为什么我们能容忍没受过教育的溜须拍马之人负责一座大都市的公共事务呢？上述从最近的政治事件当中随机选取的事例，是在我们整个公共服务领域普遍存在的情况。这些情形的存在源于素质低下的公民、卑劣的公共服务理念和鄙俗而不合时宜的道德观。除非我们每个人都承担起自己相应的责任，否则这些问题就不会得到解决。

值得注意的是，这种政党分赃制度已经在很大程度上把公众的注意力从对政策进行选择转向对人进行选择。200年前，人们为了争取共同制定管理自己的法律的机会做出了极大的牺牲。然而在1894年，纽约州民众被要求在同一次选举中，投票选举一位州长以及支持或反对一部新的州宪法，包括许多重要的提案和一些新的提案，有超过125万选民参与了州长候选人投票，但只有不到75万人对宪法草案投了票。上述现象绝不会是这种趋势的个案。一个理性且智慧的民主社会将首先讨论原则问题，然后推举出代理人将他们的决定付诸实践。将公众注意力转向个人，而忽视或轻视他们所代表的原则，那是不明智的。

相信并传播这样一种观点，即民主国家对于政府的原则方面没有什么要学的，没有什么要改进的，也是一种严重的错误。从亚里士多德时代开始，人们就已经认识到民主本身存在的危险并对其进行了讨论。但是在我们这个时代，人们往往被民主治理所带来的成功和显著优势蒙蔽了双眼，以至于不能或不愿仔细考虑事物的另一方面。例如，如果像法国那样，其议会成员被分裂成互相争斗的团体，那么美国国会的权力和声望能维持多久呢？如果允许美国参议院在处理公务时仍采用那些幼稚的方法，或者不能终止自己的争论，那么它还能继续唤起人们的尊敬和信任多久呢？在一个追求政治利益的社会中，如果城市的管理被长期移交到那些贪得无厌、愚昧无知者手中，那么纽约这座城市的生活能持续多久呢？最使人痛苦的便是处于不同阵营的人们突然站到冲突的对立面上，就像1860年那次林肯大选事件一样。那么，1896年发生的这一切又要重新上演了吗？天生的乐观主义对于我们摆脱这种危险是否必不可少？这种危险不是想象中的危险，而是真实存在的危险。

民主社会的困境在于教育的机会。如果我们的教育是健全的，如果它适当地强调了个人对社会发展和政治发展的责任，如果它抵消了因自私与贪婪而产生的无政府主义趋势，如果它促进的爱国主义消弭了军事上的侵略主义和坚船利炮政策，那么，我们或许能够消除对现有制度的持久性和完整性的任何猜疑。我坚信：我们时代最伟大的教育需求，在任何高等学校和中小学都一样，都是让教师更全面地认识到社会制度的真正含义，以及这些制度所包含的众多道德问题和原理。个人的道德行为必须遵循整个社会的道德标准。家庭、财产、习惯法、政府和教会都涉及其中。这些制度及其产物构成了人类文明，并使其与野蛮状态做出了区分。作为光辉历史的继承者，每一代人都是这些财富的托管者。完好无损地保护和传承这些财富是教育的最高职责。实现这一目标不是少数人的责任，而是所有人的责任。

只有那种兼具智慧与品格的民主社会才会成功。培养全体国民的智力和品德是民主社会教育的任务。因此，我们不是因为虚荣吹嘘，不是因为骄傲自满，也不是因为自私怠惰而拒绝参与公共事务、拒绝考虑公共利益，而是因为自己的一腔热忱、坚定信念去帮助每一个人追求幸福。我们的教育理想终将会实现，自由政府将会消除社会腐朽和破坏力量的影响。

5 美国的学院和大学

对包尔生《德国大学及其特点与历史发展》的介绍，纽约，1895年。

除德语国家之外，没有哪个国家能像美国那样高度评价并广泛仿效德国的大学。正如美国历史上著名的学院将其起源追溯到牛津大学和剑桥大学及它们的影响一样，新的美国综合大学也在很大程度上代表了海德堡大学、哥廷根大学、莱比锡大学和柏林大学的学术传统的影响力和权威性。

教育学专业的学生们日益清楚地了解到，学院与大学的功能区别太细微以至于很难解释，又太普通以至于很难满足美国人的自尊。现有的专业术语不可避免地混淆了学院和大学，甚至有时混淆了那些比中学还小的教育机构，要想真正区分清楚这些术语很考验专家们的耐心和能力。如果我们快刀斩乱麻，允许每所不同形式、不同阶段的高等教育机构以它们设想的名字将自己分类，那么在美国至少有134所大学。其中，伊利诺伊州有7所大学（尽管当时新成立的芝加哥大学不在1890—1891年的名录中），堪萨斯州8所，俄亥俄州14所，田纳西州9所（其中仅仅8万人口的纳什维尔市就有3所），得克萨斯州8所，新奥尔良市有4所。当我们把这个惊人的数字与整个德意志帝国总共20所大学进行比较时，不需要进一步调查就能发现，美国大学和德国大学在标准上存在一些差异，而且真正意义上的大学不仅仅是有个校名而已。

从另一种比较极端的观点来看，根本就不存在美国的大学。曾任教于弗赖堡大学、现执教于芝加哥大学，极富盛名的权威人士冯·霍尔斯特教授（Von Holst）在两年前曾经说过：

“在美国，目前还没有一所欧洲人概念中的大学。所有称之为大学的美国教育机构，要么是学院与大学的混合体——大学，作为后来者，在某种程度上依旧表现出是学院的一种附属品或附庸，或者最终只是大学的残次品。一个完全脱离学院教学工作并涵盖综合大学基础四科系的机构并不存在。”

鉴于欧洲人对“大学”这一术语的含义没有达成共识（这或许从牛津大学与法兰西大学或柏林大学的鲜明对比中就可以显而易见），冯·霍尔斯特教授显然以欧洲人，尤其是德国人的方式定义了大学，而且他对大学的定义也证实了这种解释。在这种局限性下，冯·霍尔斯特教授的判断也许在学术上被认为是正确的，但是他的判断基于两个错误的假设：一是美国应该完全复制德国大学，在这一点实现之前不可能发展美国大学；二是美国的学院与德国的文科中学属于同一类，应归类为中等学校。在美国教育组织的观察家中，那些极力推崇德国式大学的人常常陷于这两种错误中。不止一个案例显示，那些与冯·霍尔斯特教授有同样错误观点的人企图迫使美国高等教育完全按照德国的先例来发展，使得美国高等教育本应是最正确、最自然的发展受到了阻碍。

美国大学必须吸取德国大学的教训，同时美国大学也要发展出自身独有的特点。为了变得卓越，事实上也是为了存活下来，大学必须反映国民的生活并且服务于国民的生活。当一个国家的大学不再密切联系公众的社会生活和社会习俗，并且不再为改善社会生活做出努力时，它产生影响力的日子就屈指可数了。对于任何教育系统来说都是如此。仅凭这一点，一个高度效仿德国模式的教育机构不会在美国蓬勃发展。事实上，德国高等教育系统具有无可争议的优点，它虽然不能很好地满足美国的需求，也欠缺系统性，但确实十分有效。因此，如果冯·霍尔斯特教授坚持赋予“大学”专门的德国式定义，那么他在任何时候都不可能在美国看到一所大学了。我认为，要赋予“大学”一词更广泛、真实的意义，既不把“大学”与学院混淆（不论这所学院多么庞大、古老），也不将“大学”一词错误地用于一所学院和周围一群专业性、技术性的科系。“大学”这一概念应延伸到任何这样的教育机构：在这所教育机构，学生在文理科学习方向上得到充分训练，被高水平、有独创性的教师引导到专业领域的学习和研究中去；在那里，通过图书馆、博物馆、实验室和出版物，知识得以保存、发展和传播。从这个意义上来讲，美国现存的高等教育机构中仅有6—8所可以称得上是大学，而多半都没有达到这一标准。

我们不能将美国的学院与德国的文科中学混为一谈。无论是普林斯顿那样的大学院，还是威廉姆斯学院或鲍登学院那样的小学院，都不属于文科中学系统。美国的学院如塔西佗（Tacitus）所说是“独一无二”[①]的，英国的公学、法国的国立中学或德国的文科中学无一能与它比肩。自由的学生生活和广泛的学习内容，使美国的学院在一定程度上像一所大学；但是，由于学生的不成熟，并且教师的大部分工作带有必要的说教性质，以及学院所考虑的目标，美国的学院最终没有被划分为大学。事实证明，美国的学院充分满足了美国人的生活需要，并且成为美国文明和文化的中坚力量。与大学不同，学院有着完全不同的目标，有一系列不同的问题要解决，因此不论美国的大学怎么发展，学院的作用与价值都绝不会被削弱。鲍登学院的院长海德（Hyde）所言真实且有说服力：为了培养出既博学又有坚实品质、具有自由思想和自由精神、追求真理而又有责任感的人才，学院不论大小，都会向每所优秀高中的杰出毕业生开放，并能为他们提供兼顾严格教育与个性化发展的课程，课程由德才兼备、以德为先的

① 原文为“tantum sui similis”。——译者注

教师教授，学院的管理者具有亲切的人格魅力并且远离频繁的社交娱乐活动，他们拥有不随教育条件改变而消失的使命，以及不会被虚荣与嫉妒等情绪所颠覆的政策。

1891年，每1363个美国居民中有1人选择就读文理学院。按每个家庭5口人计算①，这意味着全美每272.6个家庭中，就有1个家庭的孩子就读文理学院。当然，美国不同地区比例不一样。例如，在马萨诸塞州，每858人中有1人或每171.6个家庭中有1个家庭的孩子就读文理学院。在爱荷华州，每908人中有1人或每181.6个家庭中有1个家庭的孩子就读文理学院；在犹他州，每789人中有1人或每157.8个家庭中有1个家庭的孩子就读文理学院。相对于美国绝大部分领土及7000万不同类型的人口，以上统计数据充分证明了学院被美国人所熟知并且极大地满足了人们的教育需求。

在美国481所学院中，也许没有哪两所学院有完全相同的课程和硬件设备，但是用来区分它们的普遍特征是众所周知的。古典名著、数学、英语和英语文学、现代欧洲语言、自然科学、经济学和哲学无疑在一定程度上体现在每个学院的课程体系中。当然，每个学院的细节安排中也会体现不同教育阶段的观点和各地区特色。我们也许可以确信，不论在哪里，无论是在大西洋海岸，美国西部或南部的内陆城镇，还是在太平洋大陆架地区，学院都是人们获得更广泛的理智生活和更高水平的公民身份的重要力量。学院将培养受过科学训练的有学识的专业人员的任务留给了大学。

我们对比多样化的学院与统一化的文科中学可以发现，美国

---

① 1890年美国家庭的实际比率是4.93。

大学并不是建立在千篇一律、受到严格控制的基础上的。在美国，进入大学学习的学生都有丰富的知识储备，受过多样化的训练。如果最近在美国高等教育工作中一些有益力量能够带来理想的结果，大学培养优秀人才的能力将会显著提升，而不会因为“学生们不是通过一种模式培养出来”这一事实而减弱。在一定范围内选择学习内容并调整课程使其适合学生，而不是让学生适应课程，这个原则在中等学校与学院同样适用，并且应用范围日益扩大。美国学院的毕业生如果想继续去大学深造，在入学时就已被要求具备良好的教养，形成较高的品位，其资质已得以发展，能立即从事相关专业领域的学习，而这样的受过广泛和自由教育的学生正是大学所需要的。相比德国的高中毕业生，美国学院的毕业生得到了更丰富的训练，尽管这种训练可能不够细致。

在某个非常重要的方面，美国的高等教育系统显著优于德国的高等教育系统。在德国，文科中学与大学的明确界限主要是两者在方法、精神实质、价值追求方面存在的差别。受到诸多管束的文科中学与拥有充分自由的大学对比鲜明，不少学生在刚从中学毕业进入大学后完全失去了平衡，或者浪费了大量宝贵的时间和精力来调整自己以适应全新的环境。在美国，情况则截然不同，有时学院和大学在同一法人下同时存在，比如在哈佛大学、约翰斯·霍普金斯大学、哥伦比亚大学和芝加哥大学，其中一方的工作会循序渐进地传递给另一方，过渡非常自然。一般情况下，学院和大学是相互独立的，但即便如此，学院在后几年的课程设置方面也会考虑到让学院与大学的过渡容易且自然。这种做法不论从心理学、经济学还是常识来看都是合理的。这种做法在实践中的成功有着充分的事实证明：在同一法人下，没有哪一所美国大学不与相应的学院有着紧密的联系，除了极少数为偏重发展某些专业而建立的学校，比如麻省的伍斯特理工学院。因此，冯·霍尔斯特教授所认为是“学院与大学的混合体”的教育机构，并不像他所坚信的那样是文科中学与大学的混合体，而是美国教育组织及其特殊力量的独特产物。

尽管美国大学工作所依赖的基础与德国文科中学统一的制度所提供的基础不同，而且这种差异将继续下去，但是，大学从本质上来看是相同的。的确，美国大学的组织很大程度上受到了在德国留学过的人的影响，这些人渴望在美国发展出一个类似的机构从事国家最高级的科研活动。德国大学建立并得到很好阐明的三个基本原则是：教学自由、学习自由和为了科学本身的目的而探究科学。这三个原则得到了美国大学的充分认可，尽管不能说第三条原则完全达到了美国大学应该具有的标准。包尔生（Paulsen）教授在其最近关于这一主题的著作中指出，德国大学的独特之处在于它将科研与教学紧密地联系起来。有人抱怨德国大学目前过于追求科研目标以至于牺牲了教学目标。如果仅仅把美国大学看作教学机构的话，它的效能就超越了德国大学，这是毋庸置疑的，德国大学的一位教授也承认这一点。美国大学通常重视教学超过重视科研，这很大程度上是因为老一代美国大学的教授们长年浸淫于纯粹的学院教学中，他们既不过度投入科研，又不完全放弃科研，也没有明显地将科研与教学结合起来。当然，这会被很多人当成反对派的夸大其词而遭到质疑。年轻的大学教师则大部分是在德国接受学术训练，他们几乎在所有方面将科研与教学结合起来。不过，庆幸的是，科研还没有沦落到仅仅是使用“透镜、电极、试管和智力测验器”的地步，虽然斯坦利·霍尔（Stanley Hall）博士显然认为这些似乎已涵盖了所有可能的研究领域。[1]当然，对科研的过分狂热可能导致完全忽略或最小化大学对良好教学的需要，也可能夸大科研对培养优秀教师的影响；但就目前的迹象来看，美国的大学并不会立刻面临这样的危险。我们最有智慧的大学教师同意斐尔科（Virchow）的看法，他最近指出：大学学习的目标是“把一般的科学和道德修养与掌握某一特定的学科知识结合起来”[2]。

要想在美国完全以科学本身为目的而探究科学，并将其作为管理大学的原则，主要障碍是专业学院规模的快速扩大。专业学院的入学标准低，与大学有着紧密联系，它们被允许全面介入甚至控制大学的立法和管理。实际上，这是美国大学整体发展面临的主要危机。迄今为止，约翰斯·霍普金斯大学已完全避开了学院的这些影响，而哈佛大学已经能够控制这些影响。但是对于其他一些大学来说，这种影响还是很强大且具有威胁性的。这种危机中包含着这样的观点，即纯粹的技术或专业学院中那种高度专业化的工作并不需要充分的前期训练，也能被视为正当的大学工作并得到老牌大学的认可和褒奖。聪明的读者不难发现，这种情形在美国势头正猛，此类专业学院创办得越成功，其本质上的局限性和庸俗性就越明显。由于专业学院招生人数多，公众过分强调了那些专业学院在科学发展方面的重要性。董事会重视专业学院，一方面因为专业学院通过毕业生发挥了影响力，另一方面因为专业学院是其重要的收入来源。这两个事实会转移公众的注意力及相关资金，使得人们不能把追求科学研究本身作为一种目的，并且阻止这一原则像它本该的那样来管理大学。不过，这一

---

① HALL S G. Research the Vital Spirit of Teaching [J]. The Forum, 1894 (8).

② VIRCHOW R. Lernen und Forschen[M]. Berlin: [s. n.], 1892:8.

困难是可以解决的，这需要我们通过坚持将自由教育作为进入专业学院（法律、医学、应用科学等诸如此类的学院）学习的必要条件，使得这些专业学院建立在一所真正的大学的基础上。这将会产生一种类似于在德国盛行的状况，并且会让美国大学的教学水平提高到一个从未达到过的水平。除了约翰斯·霍普金斯大学的医学院和哈佛法学院，在美国还没有一所专业学院能达到大学的层次。其他专业学院则无一例外地承认，学院中不成熟的学生所学课程及所获得的学位仅仅相当于部分中学的教育，或者说这些学生通常没有受到什么教育。当这种事态存在于一所大学中，显而易见，这些专业学院只会损害大学的声誉和实力，不论它们吸引了多少学生。事实上，这样的专业学院规模越大，它们的负面影响就越大，因为它们对不同类型的学生的教学水平必然降至最低，这样一来整个大学的标准都会被拉低。

鉴于上述趋势存在于应用科学类的专业学院中，我们必须承认这很大程度上是由于老式统一的大学课程的支持者的态度所致。通过阻止数学、科学研究与希腊文、拉丁文拥有同等地位，他们迫使科学学院建立在学院之外并与其进行竞争，而这些科学学院大多建立在最有限的教育基础之上。如果它们能更全面、宽容地处理所面临的问题，科学或技术类课程本来可以嫁接到学院中去，这样做也许可以给学院（专业学院）带来不可估量的价值，并且促进自由教育的发展。虽然很容易实现这种设想的时代已经过去，但我们还是可以通过智慧与正确的态度来实现。

一般来说，面对公众漠视律师与医师的任职资格这一事实，大学似乎不可能将它们的法学院和医学院真正提升到大学层次。人们无从确定这种漠视会持续多久。诸方都在做出努力，坚持将学生至少受过部分中学教育作为法学院和医学院的入学条件。但是，通常此类职业的从业资格对任何人开放，无论那个人多么无知，只要他愿意在短期内当学徒就行。这种安排的基础在于，尽管过去很多人并没有受过自由教育，他们却成了功成名就的律师或医生。这是事实，但是这些成功人士是极少数的例外。随着竞争日益激烈，这种例外也会越来越少。至少就法律而言，法学院普遍降低入学标准的一个原因也许在于，律师这种职业为人们提供了进入仕途的捷径。在那些无意于接受自由教育的年轻人看来，从政往往是他们涉足法律行业的主要目的。但是不论舆论满意与否，毋庸置疑的是大学有必要拒绝招收那些没有受过自由教育的毕业生进入法律、医学和技术的专业学院。

当专业和职业学院上升到真正的大学层次时，许多问题将得以解决，但是其他的问题仍然会存在。正如包尔生教授所说，大学应坚持以传统的哲学系为中心，这一点不论在美国还是在德国都同样重要。哲学系既是一所大学的精髓也是其荣耀所在。仅哲学系就能见证大学的闻名，约翰斯·霍普金斯大学20年的历史就充分证明了这一点。无论是通过细分还是其他方式，使哲学系屈居次要地位，或者使它变得不再强大，这都会损害大学的命脉。完整的哲学系代表了知识的统一性以及学术研究真正的普遍性。因为哲学系的存在，每个学系都能够与其他学系保持一致，并从其他学系中获得力量与支持。当哲学系被割裂开来，它的每个部分往往会变成纯粹的职业培训学校，这样大学生活的最高理想就覆灭了。再没有比生理学家杜布瓦·雷蒙和化学家奥古斯特·威廉·冯·霍夫曼（Hofmann）针对这一主题的强有力论述更有力的证据了，这个证据就是他们分别于1869年和1880年在柏林大学就任校长时发表的就职演讲。杜布瓦·雷蒙说："哲学系是其他学系之间联系的纽带……人类知识的不同分支间的交互作用在哲学系中产生，而随着哲学系的分割，这种交互作用会很自然地消失，但是这种交互作用极大地拓宽了个人视野，并为个人对自身在整体中所处的位置提供了正确判断。”11年后，霍夫曼在相同的职位上发出了同样有力的声音。

哲学系或文理学院不仅应当保存其完整性，而且它的精神应该主导整个大学。正如最近纽约州正式声明中的观点①，“大学精神的安全性需要把大学本身（哲学系）作为一个整体，而将学院（专业和职业学院）作为另一个整体，而不是每个专业和职业学院都可以要求与基础学院有相互协调的权力，如果这样做的话，基础学院非但不足大学的一半，而只是大学的七分之一（随着学院的增加，可能是二十分之一）。这种情况下，大学可能没有真正存在过”。这是美国大学的管理者需要吸取的另一个教训。

美国大学在整体发展中存在的另一个问题是过度专业化，这对德国和美国所有的大学来说都一样。大学生经常会收到这方面的热心建议。过度专业化的必然结果是，学生丧失以恰当尺度看待事物的能力以及对整体学习的认同。也许劳动分工不会损害产品的价值，但一定会影响优秀劳动力的产生。

“只有伟大的事物才能唤起人类深层的成就，在小圈子里意义会变得狭隘。”②

谁都不希望看到这种狭隘的专业取向及认同它的征兆出现；

---

① Report of the Secretary of the University of the State of New York for 1893 [R]. New York, 1893:176.

② 语出席勒《华伦斯坦》三部曲，原句共三个分句：（1）Denn nur der große Gegenstand vermag Den tiefen Grund der Menschheit aufzuregen;（2）Im engen Kreis verengert sich der Sinn;（3）Es wächst der Mensch mit seinen größern Zwecken。这里列举的是前两句，英、德较为常见的谚语使用的是后两个分句。——译者注

但是如果大学愿意，哲学系有改变这种情况的方法。科学和实际生活中都不需要狭隘的人，而是需要既广闻博学又有专长的人才，培养出这样的人才是美国大学的最高价值所在。通过成功培养出这样的人才，美国大学的价值最终也会得到合理的评价。

6

中等学校的作用

在纽约及周边地区校长联合会上的演讲，1890年3月8日。

马修·阿诺德曾提醒我们，中等学校是现存最古老的教育机构。它的出现要比大学早好几个世纪，也比初等学校出现时间要早，它源自于与近代相似的需求和理念，让人感觉它仿若昨日的产物。而且，中等学校的历史是连续且易于回溯的。修道院学校及在瑞士圣加尔、德国赖谢瑙和富尔达等地建立的修道院，直接产生与发展了诸如英国的伊顿公学和拉格比公学，以及法国当代的国立中学、德国的文科中学和美国的文实中学。

在美国，教育组织尚未成型且不确定，而常用的教育术语也并未系统化，导致在中等学校的领域和范围内进行任何讨论之前都有必要作出特定说明。位于华盛顿的教育署效仿欧洲大陆的做法，已经将教育一分为三，分成初等教育、中等教育和高等教育。高等教育是指，在法律许可的条件下，在教育机构中授予学位的教育。高等教育的机构既可以是普通学校，也可以是专业学校，既包括美国的学院和大学，也包括涵盖法律、医学、神学、教育、农业、制药、工程等方面的专业学院。言下之意是，这些高等教育机构要求其申请者具有被认可的中等教育学历，虽然事实并非完全如此。国家为了自己的安全和长远发展，要求所有儿童都必须接受初等教育是合理的。在当前美国的教育科学状况下，我们将阅读与写作的知识，以及一些初等算术、地理、历史、自然科学和手工训练方面的知识囊括到初等教育中，是稳妥、安全的。接受初等教育开始的时间不应晚于6岁。儿童平均花费7年时间完成规定的课程，但我们可以像法国那样，允许少数特别聪明、勤奋的儿童用更少的时间去完成。

中等教育应该是介于初等教育和高等教育之间的教育阶段，这一点看似自然，然而却不是完全真实的。在教育的各个阶段中，不存在也不可能存在一种清晰的界限。它们逐渐地，甚至是不知不觉地相互过渡。为了防止学生的学习能力发展受阻，我们必须不断地引领他们迈向新的高度。因此，某些通常被归到中等教育的课程，比如代数、外语，非常适合在小学高年级阶段教授。中学课程在小学教育阶段结束之前就已经开始了，而此时学生的年龄一般为12岁、11岁，甚至10岁。实际上，法国国立中学和德国文科中学已经出现了上述情况。

在中等学校的高年级课程学习中也有类似的情况。许多中等学校尤其是公立高中，应该让学生学习诸如逻辑学、政治经济学、三角函数等每一所大学的课程中都有的学科。尽管有超过60%的毕业生无法进入更高一级的教育机构，但我们没有理由不这么做。如果不采用这个策略，绝大多数的美国学生将被剥夺学习这些课程和其他类似课程的机会。

过去，美国的中等学校常常遭到忽视，并因此失去其应有的自发性和个性，因为它安于从事日常工作，为学生的大学入学考试做准备，而这种考试是由大学里的专家制定并实施的。只要是考试要求的，就算是零星琐碎的知识，中等学校都会教授；反之，只要是考试不作要求的，不管这个知识对学生多么有价值都不会被教授。中等学校一直过多地受到大学的影响，这种影响在少数情况下几乎等同于一种厄运。但我将列举出一些值得关注的反例：哈佛大学最近采用了特别针对几何学与物理学的大学入学考试规则。此外，大学与中学采取一致行动，对特定学科制定统一的入学要求，从而促使在中学用英语教授的学科之间产生了一种新式的统一与完整性，由此进一步加强大学对中学的影响。

中学持续依赖大学入学考试的状况既不合理也无尊严。中学应当独立，关注自身，认真研究教育历史、教育原则和自身丰富的教学经验，并努力设计一些课程及教学方法。这些课程和教学方法既要适合学生心智、道德和身体的发展，又要能够教育学生承担他们的责任。人们没有必要担心这样做会给学生进入大学的准备工作带来任何干扰，因为个体在其发展的任何特定阶段所接受的最好的教育，也是为其之后发展所做的最好的准备。这个观点在教育领域是极为正确的。

如果美国青年要在20岁或21岁就获得学士学位（这比法国青年从国立中学毕业或者德国青年从文科中学毕业迟了一年），那么他必须做好在17岁之前上大学的准备，这实际上可以通过由中学提供比现有课程更为综合的课程来实现。在讨论这种课程的构成之前，我们必须提及若干初步的考虑。这些考虑可能被随意地忽略，因为最近这些思考就被埃利奥特校长忽略了。[①]首先要处理的是学生每天在校学习时间和假期的长短问题。学生每天在校学习时间应确保不少于5小时。进一步减少学生每日在校时间的倾向是不明智的，应当被制止。根据合理的教育原则制定的培养计划可以轻易地确保学生每天在校5小时，且不会以任何形式损害学生的健康或者降低学生学习的兴趣，除非教师特别缺乏心智禀赋和专业素养。现在的假期过长，而学校似乎还屈从于某种强大的社会压力使之变得更长。曾经4—6周的暑假延长到了10—12周，在有些城市，学校出现15周甚至16周的暑假也不稀奇。这是因为教师比学生更需要暑假。但即使从教师的角度看，目前的做法也还是超出了合理的范围。德国在复活节放3周假，

① EILOT C W. Can School Programmes be Shortened and Enriched?[J]. Atlantic Monthly, 1888（8）: 260-268.

圣灵降临节[1]放1周，暑期放6周，米迦勒节[2]放1周，圣诞节放2周，这种安排看起来比我们的安排更明智，因为它让学习和娱乐有更为频繁的交替。我们16周的假期（包括圣诞节、复活节期间的休假和长长的暑假），与德国的放假安排相比，更适合我们的天气和生活习惯。大家或许会同意每年最长16周的放假安排，这样，学校也能合理安排停课时间。

除了每学年36周、每周25小时的课程外，中等学校还亟需接受过更好训练的教师。值得注意的是，近年来美国和欧洲出现了科学与艺术的教学，但中等学校的教师仍然完全不受这种教学所带来的无穷趣味的影响。大量知识和文化带给中等学校教师的安全感使他们似乎并不理解职业准备的重要性。其结果是他们仍以传统的、模仿的方式完成工作，而他们的学生却饱受其害。如果这些学校的教师的教学都能够适应艺术教学的发展现状的话，那么现在针对中等学校工作的大多数合理批评都将会被化解。中等学校之所以没能像初等学校那样在教学方法上取得显著进步，其中一个重要原因是，中学教师通常都是大学毕业生；而大学，直到现在，似乎都没有意识到教育正在进步。而大学直到现在也很少意识到他们在教育研究过程中应该要做什么。因此，大学没能在培养合格的教师方面做出应有的贡献。一般来说，大学在这件事上只有承担起全部责任并致力于完成它，中学的工作才有可能做得像它应有的那样好。

---

① 圣灵降临节是基督教的重要节日之一，时间是在复活节之后的第50天，因此也被称为“五旬节”，该节日主要庆祝耶稣将圣灵赐给使徒们。圣灵降临节在德语中称为Pfingsten，原文写为Pfingster。——译者注

② 米迦勒节（Michaelmas）是基督教中用于纪念圣米迦勒（St.Michael）的节日。——译者注

假设有更称职的教师，并且每学年36周、每周25小时的课程安排得到认同，那么，中学教育的目标应该是什么？我们应当通过什么样的课程来实现这一目标？在我看来，中学教育的目标应该是通过教学和纪律，为真正受过教育的人应当具有的教养和灵感奠定基础。在努力实现这一目标的过程中，中学一定不能忽视这一事实：它正在培养的青年将来要承担公民的义务与责任，他们在任何情况下都必须为了获得生计而从事某一特定的职业。但是，中学还具有选择的功能这一事实常常被人们忽视，尽管这是中学最重要的目标。中学生都是青少年，他们的审美等各种能力正在快速形成并表现出来。为中学生提供发展这些能力的机会，使他们朝着更好的方向发展是中学的重要职责。就中学的许多课程而言，因为不具有选择性，所以是无效的。

要准备一门既能够考虑到以上所有要点又能为学生正在发展的智力提供有效训练的课程并不容易。的确，这个问题在不久前看起来几乎不可能解决。但我们可以通过耐心、更广泛的经验以及对外界条件的仔细考察为提供课程减少困难。解决这个问题的主要方案和科学技术学校的快速发展及其重要性相关。虽然这些教育机构代表着现代文明中一场真正而重大的运动，但是，由于它们对中学课程设置的要求与一般美国大学的入学要求大不相同，因此中学课程设置问题变得复杂。这个问题同样出现在英国、德国和法国，正如在美国遇到的一样，这种课程问题属于中等教育领域的普遍问题，而非单纯某一国家的问题。上述国家都在解决这个问题上取得了许多进展。英国在传统的古典课程之外增设了所谓的“现代课程”。法国的公立中学设有“特殊课程”，即用数学和科学课程代替拉丁语和希腊语课程。在德国，完善的文实中学和实科中学年年都在争取与文科中学平等生存的权利。

在这一点上，德国还出现了一场有意思的运动：呼吁建立综合中学，将文科中学和实科中学的主要特点结合起来。

我对典型的美国中学课程的建议是中学课程应始终涵盖8门课程，即母语、地理和历史、数学、自然科学、拉丁语和希腊语、法语和德语、绘图和制作（手工训练）以及体育。这一课程设置融合了英国“现代课程”和法国“特殊课程”的一些特征，同时与德国教育学学者考虑的“综合中学课程”也有相似之处。根据课程设置，学生在10岁或11岁的时候开始学习一门外语，随后紧接着学习代数和平面几何的部分内容。学生有丰富的课程选择，同一时间不学习多于5门“理论”课，不会同时开始学习2门新的语言课程，并且英语、地理和历史、自然科学必须被包含其中。不同性格、观点和人生目标的学生，将被引导最大限度地表现自己和满足自己。我们必须坚持让学生在10岁的时候具备阅读理解、清晰书写、理解并正确完成整数的四则基本运算的能力。

越来越多的关于将这些知识推迟到10岁之后学习的做法会遭到强烈的反对。最近人们注意到这样一个事实：在美国最著名的一所高校的入学条件中，只要求学生掌握一些公立学校的算术、写作、拼写知识，以及基本的英语语法知识，并且学生的入学年龄一般为16岁半。在这个年龄，法国青少年在阅读西塞罗（Cicero）、维吉尔、赫拉斯①、索福克勒斯②、柏拉图、莎士比亚、丁尼生（Tennyson）等人的作品，以及学习世界通史、立体

① 赫拉斯（拉丁原名Quintus Horatius Flaccus，65 B.C.—8 B.C.），罗马帝国奥古斯都统治时期著名的诗人、批评家、翻译家，代表作有《诗艺》等，是古罗马文学“黄金时代”的代表人物之一。——译者注

② 索福克勒斯（Sophocles，496 B.C.—406 B.C.），古希腊悲剧作家。——译者注

几何和化学。德国同龄人的学习进程也同样超前。显然，在这一点上，我们的教育系统存在着巨大的浪费。如果我们的高等教育不想颜面无存，那么就必须即刻弥补这一缺失。

对于前面列举过的每一门课程，其涵盖的内容可以概述如下。

1. 英语——任何一个英语国家的学生都不能忽视母语的学习。但是，换个不同的教学目的，教学效果肯定要比现在好很多。过去，无论是在中小学还是大学，英语教学都受到严重忽视并且进步很小，这点是不可否认的。或许，只有那些在大学中要求其学生完成原创性书面作业的教授，才知道中学英语教学是多么无效。在取得学士学位的学生中，大部分人无论是在口头上还是在书面上，甚至是在简单的思维训练上，都不具备简洁而准确表达的能力。正如包尔生指出的那样，在德国，对母语的严重疏忽主要是由于传统教学的巨大优势——大多数人认为传统教学能够满足所有语言学训练的需要。我们逐渐从这一观念的奴役中解放出来。现在，长期被忽视的母语学习开始在学校的每一个年级得到应有的认可。对于母语学习，我们不再满足于埋头苦学语法，以及记忆一些修辞学的规则。语言学习，尤其是对一门如此丰富多样、如此有趣的语言来说，其内涵远不止那些。

中学英语教学的总体目标应该是传授有关语言结构和语法规则的知识，使学生能够轻松、流畅、正确地讲话和书写，能够指出英国文学史的重要阶段，并了解一些散文和诗歌杰作。广泛、慎重地选择阅读文学作品，并且频繁、系统地训练写作，是最有效的教学手段。然而，我们应该注意到，只有当学生的作业经过教师精心的批改才有价值。否则，这就会助长语言使用中已经存在的习惯性错误。最为重要的是，学生应该听到正确的英语口语。口语上的明显错误应该成为学校考虑解雇一名教师的充分理由。学生用一周时间从坏榜样那里学到的恶习，要比其用一个月时间从书本中习得的善行还要多。大部分的语言教学应该是口头的，而且学生从一开始就应该在练习上下工夫。语言是思维的形式和表达，想法总是通过语言表达出来。如果学生被迫过快地学习或者通过不自然的课程学习，那么就另当别论了。因此，计划用来学习英语的时间应相对较多，并且每个班级每周都必须至少进行一次听写练习或写作训练。只有当中等学校切实开展这项工作之后，大学的英语教学才可能达到其应有的水准，而不会像现在这样，变成一种曾经被查尔斯·肯德尔·亚当斯（Charles Kendall Adams）校长描述为“鞭挞糟糕英语”式的英语学习。从更深层的意义上来讲，我们不应该忘记，中等学校应该承担起教育学生怎样阅读、阅读什么的职责。此外，如果我们不教导每一个学生去喜爱教师的思想和风格并且渴望越来越熟悉它们，任何英语教学都不可能取得成功。

2. 地理和历史——这两门互为补充的学科彼此之间不可分离，并且它们是良好的教育不可缺少的部分。不幸的是，这两门学科也被中等学校严重忽视了。我们应该坦诚地说，正如布雷亚尔（Bréal）几年前曾经对其法国同事说过的那样，美国人以其对地理的无知而闻名。这门学科的教学如此之差，以至于它几乎可以被完全忽略。在地理教学方面，我们现在开始效仿德国人在地理教学方面为我们树立的先例，也许在几年后，这些东西都会在美国的学校里得以充分呈现。地理教学有两个明确的目的：一是力图说明并描述我们所居住的地球表面的特征、区域、气候及构造，二是探查人类对地球所做的改造和在此基础上人为划分出的区域。考虑前一个目的时，地理与物理相关；而考虑后一个目的的时候，则与政治和商业相关。因此，地理所处的地位介于自然科学和历史科学之间，并将两者连接起来。

要想恰当地教授地理学，教师应首先引导儿童观察其周围的环境。指南针的指向、相对位置和距离以及地图的实际意义，所有这些教学都最好参照特定学校所在的城市、小镇或村庄来开展。教室里应配备地球仪、地势图、海图及其他说明性资料，以便当学生所思考的问题从周围环境转向遥远之处的时候，这些象征性的模型可以帮助他们进行理解。地理与历史的紧密联系使得将这两门学科结合在一起的教学变得可取和必要，尤其是在政治和商业相关的地理教学中。或许，在这个年龄段学生进行的所有学习中，没有哪个学科可以给他们带来比地理更丰富的知识储备和更有力的智力冲击。正确的历史教学会首先叙述伟人的生平及他们的成就。这种历史教学的核心内容在领袖思维和行为的主导下，被划分成许多重要史实以及对历史趋势的叙述。这种叙述方式使学生一开始就从历史角度理解人的因素及其精神力量。美国中学的历史教学内容应该包括关于美国和英格兰的主要史实的准确知识，以及对世界史进程的总体了解。

3. 数学——无论威廉·汉密尔顿先生对数学学习的价值做出的令人不快的判断是否正确，我们的中小学显然在这个科目上投入了过多的时间。许多根本不属于数学问题的内容在“数学”的包装下被讲授。在几乎所有的数学教科书中，以及在这些书中那些具有迷惑性标题的“例子”之下，我们都能找到晦涩和荒谬的逻辑难题。这使学生感到困惑和气馁，导致他们厌恶数学学习中真正有价值的、实用的内容。那些伪数学问题应该被完全省略。学生只需要学习三四种度量衡表，复杂的商业算数、除必需之外的度量衡表都不需要出现在数学教科书中。通常情况下，定理是教师必须讲授的内容。根据行之有效的教育理论，平面几何的基本原理应在代数之前教授。平面几何更为基础，也更为具体，并且它涉及的是具体的事物及其相互之间的关系，而不是抽象的符号。在德国人称为“空间理论”[1]的形式中，通过绘图和制作的引导，许多几何知识将从一开始就在确定的课程当中被讲授。在对几何学进行严谨的证明之后，它将变得容易和自然，而不再困难或完全陌生。好的数学教学应能让在中等学校最后3年修读古典学科的学生在进入大学时对算术、代数和几何（包括平面几何和立体几何）有较好的理解。在中等学校选择修读理科的学生可以在上述课程之外再额外学习有关解析几何、三角函数或矩阵的知识。

4. 自然科学——这是个含义广泛且不断变化的术语。它具有两层含义。在这门学科发展早期，它的含义与德国学校课程中的“自然”[2]一词相近。后来，它意味着化学或物理学的实验研究。在低年级课程中，自然科学的内容并未明确指向物理学、化学、地质学、植物学、生理学或天文学，它融合了上述所有这些课程的知识。这些内容源于学生周围各个方面的自然事实，学生对这些事实就如同听到自己的名字一样熟悉。这种教学的目的在于开阔学生的眼界，教他们如何观察以及观察什么，教他们如何理解“自然”一词的含义。自然科学是学校课程中最有吸引力的课程，它是对其他几乎所有学科的补充。

5. 拉丁语和希腊语——在欧洲的中等学校里，拉丁语仍然占据主导地位。在中学时期，希腊语的教学要晚于拉丁语，当学生较好地掌握了拉丁语之后，只需要用较少的时间和努力就可以

① 德语原文为Raumlehre。——译者注
② 德语原文为Naturbeschreibung，意为“大自然的解释”。——译者注

把希腊语掌握到令人满意的程度。由于两者在教育中的作用实际上是相同的，因此可以在同一个标题下恰当地谈论它们。

似乎可以相当稳妥地推断，没有哪一种文化会被认为是博大精深的，除非它建立在对希腊文明和罗马文明的理解和欣赏之上。这样的文化对人民大众是否必要，或者是否是可取的？那些经典是否被准确地讲授？这两个问题完全不同于这两种文明的教育价值问题。只有我们尊重希腊和罗马文化中的任意一个，最近针对教育的批评和攻击才在某种程度上取得了成效。经典因被强加于对它们不以为意的人、浪费时间而遭受极为严重的损失。但是，上述两个质疑都可以被消除，而且不会在任何程度上削弱经典的地位。对传统教学方法不良和低效的指责，多数情况下是打着“传统教学是全面而彻底的”这一旗号进行的，对此学校必须承认有错。学校一直努力使普通学生脱离经典素材变成语言学家。经典著作最重要的价值在于，使人能够阅读和理解各个时代用希腊语和拉丁语写作的伟大诗人、哲学家、历史学家的作品。我们可能过分夸大了学生学习古典学科对培养其注意力和推理能力的作用，这些能力同样可以通过学习那些与人们日常生活联系更为密切的课程来获得。因此，对古典主义者来说，上述对古典学科培养作用的争论，既不合理也没必要，因为他们完全可以采用更有效的方式，对学生的注意力和推理能力进行培养。为了了解索福克勒斯、德摩斯梯尼[①]、柏拉图、西塞罗、赫拉斯、塔西佗等人的思想，理解他们所代表的文明和思想观点，从某种意义上说，几乎足以让那些幸运者拥有文化。相对而言，乏味的语法训练和单调的细节重复价值不大，除非这些内容能够帮助学生在

① 德摩斯梯尼（Demosthenes，384 B.C.—322 B.C.），古雅典雄辩家和政治家。——译者注

阅读上进行理解，否则出现在中等教育中并不合适。德国公共教育部部长目前在最成功的中等学校——文科中学就课程设置问题发表评论，他在评论中阐明了这一时期古典教育的独特目的。这位部长说：

> 就语言知识所要达到的目的而言，积累词汇和熟悉语法细节同等重要的观点几乎无须举例证明。正是借助于这些词汇，学生可以轻松地阅读，轻易地从阅读中获得满足；同时也可以将阅读兴趣延伸到学生时代之后。然而，如果学生只能阅读一定难度水平的作品，文科中学的目标是不可能实现的。我们不如将重点放在他们阅读作品的范围和特点以及他们的阅读习惯上。至于阅读方法，有两点必须牢记：一是必须要基于语言文字的准确性；二是必须鉴赏作品中作者所要表达的思想及其选择的表达形式。前者考虑的是这些经典的学科价值；后者考虑的是在思想与形式得到充分发展之时，将其定义为古典文化。那种疏忽了语法和词汇准确性的阅读方式将导致思想肤浅；而那种把语法和词汇的准确性作为主要目标的阅读方式，则忽视了在文科中学教授拉丁语的根本原因。后面这种错误做法把古典教学，甚至是高年级的古典教学变成仅仅是重复练习语法规则与记忆同义词和字体当中的细节部分，必须引起重视，因为它削弱了学生学习古典语言的兴趣，危及了文科中学在其支持者心中的地位。

这些原则既适用于德国，也适用于美国；既适用于希腊语学习，也适用于拉丁语学习。如果学生遵循了这些原则，那么，他们可以阅读更多的经典著作（高于中学现有的要求），并能够轻松地在教师安排的时间内完成。不同语言之间相似的语法内容学习一次就够了，而不需要每学一门新语言就重复一次这个过程。执行上述建议的计划，用对称的语法结构来起草，这项计划现在已经在英国和美国的一些学校得到落实。

一般情况下，由于古典学科的教师尚未领会教育状况的变化和学校发展的新需求，当他们与讲授其他学科的教师进行合作的时候，就会产生对抗情绪。这些教师必须认识到：虽然中等学校还不能取消古典课程，却再也不可能完全由他们主导。

6. 法语和德语——这两门学科在中等学校是不可缺少的。歌德曾说过，“一个只会自己母语的人，并不真正了解他的母语”。人们应该从小开始学习一门现代语言并持续多年。是否应该从一开始就学习法语或德语，这对某些人来说似乎并不重要。但是，法语学习对于以英语为母语的学生来说，无论是在发音还是在习语方面都比德语要更困难。因此，法语学习应该在学生形成语法和修辞规则的固定观念之前就开始。此外，法语和拉丁语之间的关系也为两者在一定程度上相互依存、互为例证提供了充分的理由。如果一个学生的法语能力达到能够阅读和听懂的水平，并具备一定的口语和书写能力，那么，他学习德语需要克服的困难就会小很多。他能以广泛的阅读知识面或者以更强的学习能力进入大学，这些都是文化学习不可或缺的要素。

7. 绘图和制作——把这一科目广泛地引进到美国的中等学校将是个新的起点。然而，这种情况的出现仅仅是因为这些学校并没有真正承担起学生委托给它们的责任。绘图和制作共同构成手工训练，它的教育价值已被各种观点和实验证实。它的目标是发展学生的思想表达能力，这是其他课程不能达到的。它的目标还包括培养学生的判断力，唤起他们的执行力，并赋予他们处理真实素材的自信。绘图和制作还被用来辅助说明数学和自然科学的许多原理。许多中学生可能都希望接受超出基础入门的手工训练。

明确起见，我也许还应该补充一句：制作中会自然地依次使用纸板、黏土、软木材、金属等材料。

8. 体育——显而易见，这个科目在课程体系的各个部分都举足轻重。在学龄早期，学校应给体育分配更多的时间，因为学生在这一时期还没习惯待在教室，也还没那么习惯持续的脑力训练所带来的压力。同时，这一阶段学生的身体习惯也在形成，如呼吸、行走和坐立。在正确的身体习惯形成之后，学校可以一定程度上减少学生进行系统的身体训练的时间，尽可能让他们在露天操场进行体育训练。这种安排考虑了周围环境的变化以及给予学生必要的休息时间，也让学生的肺中有更纯净的空气、血管中有更纯净的血液、心中有随之而来的愉悦，这些从本质上来说都有益于学生的身心健康。体育课程的一个有价值且必不可少的环节就是游戏，它是学生自由、畅快、随意的活动。游戏的价值如此之大，以至于许多人认为没有必要再进行系统的身体训练。对于这一点，我将引用哈特韦尔博士（Dr. Hartwell）的观点，他于1889年11月在波士顿召开的体育大会上的精彩演讲，准确地阐述了游戏和系统身体训练之间的关系。哈特韦尔博士说：

> 我无意贬低竞技体育。我希望它在当下的美国得到普及和更好的规范。我相信它作为一种娱乐方式是有价值的；我相信它有助于身体成长；我相信它在道德方面也极有价值，因为它提倡自我管理、公共精神和协同努力，并能显示那些参与者的性情、秉性和意志力的主要特点和趋向。但竞技体

> 育从诞生起就带有难以去除的印记，其训练方法简单粗暴且不专业，致使它不适宜作为全面而广泛的身体训练的目的。我们有必要促进它的发展，并且越来越有必要规范它。但是，如果仅仅将它视作最好的身体训练的一个阶段，那将是危险和狭隘的。

当游戏和体育被审慎地区分开后，它们被认为具有各自的教育功能。两者在教育中必不可少，并且不能彼此替代。

我相信，由上述课程所构成的课程体系，将能够完全满足学生从11岁至18岁智力发展的需要，并能够为他们提供全面、和谐的教育。无论学生能否进入更高一级的学校深造，他在中学所接受的教育本身是完善的。而就进入高等学校深造而言，他也做了很好的准备。只有这样，中等学校才能保持它在国家整个教育系统中的地位，而不牺牲其独立性。

对于当时的教育状况，达尔文和很多人一样，记录了这样一种事实：他们的学校生活是一片空虚。这种情形并不罕见，不少知名度不高，但在各自领域却很优秀的人也表达了相似的观点。这本身就是个危险的信号，必须引起注意。学校不会长期脱离那些激励了一个时代的思想领袖的精神还能安然无恙。随着人类文明变得越来越复杂，学校面临的工作也变得越来越困难。约翰·斯图亚特·密尔在就任圣安德鲁斯大学校长的就职演说中指出："终其一生，人类智慧永不间断的职能就是探求真理。"真理的标准和探求真理的方法必定是在教育过程中，并且是通过教育过程揭示的。这一过程延续至今，由此产生的教育也被命名为自由教育。例如，赫胥黎对自由教育的定义是：青少年接受教育不是仅仅为他们自己而生活，而是为了他们作为其中一员的社会和民族而生活。如果中等学校没有这种广阔的视野，其教育活动将很难为应有的教育做出贡献，用罗林（Rollin）的话说，中等教育是“家庭和国家某种平静与幸福的源泉”。

7 美国中等教育的改革

发表于《大西洋月刊》，1894年3月。

人们已经清楚地认识到，在美国，任何影响深远的教育改革都必须始于中学。如果中等学校拒绝与初等学校在提高学术标准及改进教学方法方面进行合作，初等学校将陷入茫然无措的状态，而且，几乎没有什么高等学院有足够实力，对目前中学进行的各项工作提出更高的要求。虽然在一些方面对学院进行游说的工作已经推进了许多，但结果也仅仅是改善了一两个学科或规模相对小的学院。中学并不总是在一种明智的精神指导下运行，它反而通常会牺牲必要的合理训练，以满足当地对其雄心勃勃的规划需求。尽管这个规划涵盖了至少40门学校科目，但没有任何一门可以让学生进行足够深入或长久的学习，以获取该学科本身所具有的价值。中学误入了另一歧途：由于醉心于之前的理念，过去一个世纪中逐渐形成的重要知识领域早已被排除在课程之外了。因此，在许多观察者看来，中学教育不仅分散了学生的精力和兴趣，还耽误了他们。哈佛大学校长埃利奥特几年前就明确指出：这样做的后果是，美国十五六岁的少年在天赋能力方面与他们的法国或德国同龄人相比毫不逊色，但在获取的知识方面则落后了两到三年。

在法国或德国，消除一个如此明显的弊病是一项容易的任务。教育部部长会咨询他的官方顾问，并召集教育专家举行会谈；数周之内教育部会发布指令，规定学校实施改良后的新方案。就这样，德国高等学校的课程与教学法首先于1882年颁布，并于1892年修正后再次颁布。与此同时，法国也在1890年颁布了现行的中等学校教学大纲规划。然而，由于美国没有中央教育管理部门且官僚体制不受欢迎，任何官员或机构都没有权力向学校发号施令，所以教育改革只能靠游说与合作来实现。为了提出新的理念，我们必须利用新闻界、论坛和教师会议，而且必须说服大量民众以确保他们接受这些新理念。

通过达成各项约定的章程，全国教育协会的十人委员会对中学的研究，以及该委员会现已公之于众、非常有价值的报告，与中学教育有关的广大教育组织在提出新理念方面有了长足发展。[①]

30年来，全国教育协会作为一个大型教师团体，每年都会举行集会，让教师们听取有实践价值的演讲和讨论。会议吸引了来自美国各地各阶层的教师参与，总人数达到1.6万。它的权力与威望随着其规模的扩大而提升。1892年，协会负责人决定改变单纯讨论的方式，他们启动了一项教育调查，这项调查由协会赞助，整体上会为这个国家带来一些实际利益。他们同意了这项经由他们深思熟虑后制定的方案，即协会应该积极并系统地处理与中等教育有关的问题。协会任命了一个委员会（现被称为“十人委员会”）来全权负责这项任务，同时拨款2500美元来支付这项工作的相关费用。该委员会成员的选择要考虑能体现大众最感兴趣的教育组织类型和美国各个地方的情况。[②]

十人委员会由一位来自东部大学的校长、两位来自西部州立大学的校长、一位来自南方州立大学的校长、一位来自女子学院的校长、一位来自男女同校的西部学院的教授、一位来自私立大

① 由全国教育协会（National Educational Association）在美国图书公司（American Book Company）出版（纽约，1894）。

② 该委员会的成员包括：委员会主席、哈佛大学校长查尔斯·W.埃利奥特，美国教育委员会委员W.T.哈里斯博士，密歇根大学校长詹姆斯·B.安杰尔，瓦萨学院校长詹姆斯·M.泰勒，马萨诸塞州波士顿女子拉丁文高中校长约翰·泰特洛，奥尔巴尼（纽约）高中校长O.D.鲁宾逊，科罗拉多大学校长詹姆斯·H.贝克，密苏里大学校长理查德·H.杰西，劳伦斯维尔中学（新泽西）校长詹姆斯·C.麦肯齐，以及欧柏林学院的亨利·C.金教授。

学的校长、一位来自男女同校的公立高中的校长、一位来自公立女子高中的校长以及一位美国教育委员会成员组成。他们熟悉美国各地的教育理论与实践，间接代表着初等学校的利益以及受教育的特殊学生。

十人委员会采取的方案被详尽地写进报告，这也是这份报告中受到关注的内容。该报告可简述如下：

在对整个问题做了研究之后，委员会决定举行9场会议，每场会议挑选10位与会成员，为了在中学里恰当地落实工作，每场会议负责一个专题。该委员会公平地选拔会议的与会人员，尽可能从大学和中学里符合各个会议主题的教师当中挑选，他们能够代表全国各个地区以及广泛的教育利益。召开会议的主题有：拉丁语、希腊语、英语及其他现代语言；数学；物理学、天文学和化学；博物学（生物学，包括植物学、动物学和生理学）；历史学、公民政治和政治经济学；地理（自然地理学、地质学和气象学）。1892年12月，委员会召开了若干会议，90位成员中共有88位参会。在这88位与会成员中，有46位成员执教于学院和大学，41位成员执教于中学，1位成员是曾在大学中任教的政府官员。这些会议成员名单上的人令人钦佩，每当我谈到他们的时候总是满怀热情。在这90位成员中，我们会发现很多人都在美国学术研究中处于最领先的位置，而且这90位成员都拥有某种类型教学的宝贵经验。这个实际情况让他们的建议举足轻重，他们详尽的报告是一个具有重要价值的教育知识和建议的宝库。这份报告被列入《十人委员会报告》（*Report of the Committee of Ten*）的附录中。

这9场会议为期3天，致力于解答十人委员会提出的寻根究底的问题。这些问题共有11个，具体如下：

（1）从6岁到18岁、涵盖了小学和中学教育阶段学校学习的课程中，与该会议主题有关的学科应该在哪个年龄段开始？

（2）这门学科开始之后，应该被教授多少年？在这些年中，每周学生应花多长时间学习？

（3）在整个课程的最后4年，也就是普通高中阶段，学生应该花多少年、每周多长时间学习这门学科？

（4）该学科应该合理涵盖哪些主题或哪些部分？

（5）在高中4年学习中，应该保留该学科的哪些主题或哪些部分？

（6）该学科应当以何种形式、以多大程度被纳入大学的入学考试科目中？是否应当在语言知识中考查对翻译的精通程度？在一门科学类的学习科目中，基于实验进行的测验是否优于基于课本的笔试？

（7）对于未来升入大学或准备进入科学学院的学生，又或者假定两者都可能不去的学生，该学科是否应该被区别对待？

（8）如果要进行区别对待，这种学科的分化应该在哪一个阶段开始？

（9）能否对该学科在整个学校课程中的最佳教学方法进行描述？

（10）能否对在大学入学考试中测试该学科的最佳方式进行描述？

（11）学院和大学允许将入学考试分为初步测试和最终测试，并至少间隔一年，如何区分两者的界限？

所有与会成员都以杰出的才能与直率的性情投入到他们的工作中。向他们提出的问题都得到了很好的解答，而且还附带相关理由。从保守的预科学校校长提出的观点来看，由于老一代既不知道新兴的学习科目也不了解教学中的新方法，所以会议上倡导的变革似乎会显得数量众多而且激进。然而从整体上看，人们将很难反驳经过十人委员会认真思考得出的结论，即会议的精神是保守与温和的。例如，拉丁语专题会议明确否认了任何在大学录取中对拉丁语要求的提高。希腊语专题会议更倾向于看到大学入学的平均年龄降低而不是提高。数学专题会议建议切实缩短现在学校投入到算术、代数和几何上的时间。地理专题会议认为，现在学校在地理学科上花费的时间与其所获得成果的价值之间完全不成比例。

一般而言，与现代语言和自然科学领域有关的会议需要完成的工作量最大。希腊语、拉丁语和数学是我们世世代代学习的主要科目。这些科目经过了精心的组织和分级，并且有足够的教科书，每一门学科背后都有大量的教学经验支撑。而其他学科的情况并不是这样的：它们只是零星地出现在学校中，教学情况往往也很糟糕，其教育价值也丢失了。涉及现代学科的会议弄清楚了在各种情况下怎样才可以避免上述弊病；但相应地，它们的研究报告比其他学科篇幅更长、内容更详细。例如，关于物理学、天文学和化学的会议在其报告后附上了关于在中等学校进行的实验和教学主题的详细提纲。历史学、市政管理、政治经济学、地理学、博物学等专题会议的报告也同样详尽。

英语专题会议的建议自然会被最先关注，因为强调学习英语的重要性，以及完善英语教学方法的趋势现在非常强烈。英语专题会议的报告非常简短，但它非常清晰且具有说服力。这个报告指出，只有在难度逐渐增加、形式不断变化的练习中使用英语，学生才能学会合理地运用它。英语拼写课本遭到了反对；正式的语法被置于它应有的从属地位；阅读课本应该涵盖真实的文学作品和几乎不带有任何感伤情绪的诗歌，而不是自然科学或博物学的文章。这份报告认为，中学分配给英语的时间应该同拉丁语一样多，在英语教学中需要时刻牢记的两点是文学学习和思维表达的训练。所有的建议都非常合理，鉴于它们现在已经获得官方授权，公立和私立中学普遍应遵循这些建议。

几乎每场会议都提及了这一事实：教育不能够被分割成人为的、有差异的阶段。与会者们都同意这样的观点：如果中等教育想要达到现在提出的要求，小学教育就必须做出改进，而且必须要与中学合作。如果我们想要让学生在13岁到17岁获得好的英语学习成果，就不能忽视6岁到13岁的英语教学。这些事实赋予了这些会议报告最主要的意义。尽管表面上会议只是商讨了中等教育的事宜，但是它们也触及小学教育的各个方面。

看到9场会议和十人委员会共100名教师在许多要点上达成友好共识，这十分令人鼓舞。例如，会议主张对于准备进入学院（科学学院）的学生以及两种学院都不去的学生，每门学科都应该以相同的方式进行教授。如果一个学生学习代数或拉丁语，不论他是要进入哈佛大学或耶鲁大学，还是去麻省理工学院或伦斯勒理工学院，或去经商，在他学习这门学科期间，他都应该用同样的方式学习。对于这一点，与会成员没有一个反对。如果中等学校可以遵循这一原则，将会极大地简化它们的教学计划并降低教学成本。

除了希腊语专题会议的与会成员不需要解决这个问题，其他专题会议再一次达成共识，认为当前在中学首次引入的许多学科都应该在小学就开始进行。例如，外语、历史、代数和几何课程都可以在小学高年级得到很好的开展，美国一些比较进步的城市已经开始实行这一做法。最近开展的关于缩短并丰富学校课程的讨论也落实了这一点。

关于语言学习的4场会议与自然科学的3场会议就最佳教学方式达成了共识。语言学习是一个整体，即要求学生大声朗读待学习的语言，将该语言的翻译与写作结合起来，并通过仔细修改来确保在这一过程中使用准确地道的英语。3场科学专题会议也达成了一个类似的共识。这些会议都认为实验室教学比书本教学更可取。在检测一个学生的成绩时，教师应该将对实验室记录的检查同笔试结合起来。

这些会议达成的最后也是最为重要的一点共识与课程学习的协调有关。不论是在十人委员会还是在这些会议中，没有任何一个人像齐勒尔（Ziller）、斯托伊（Stoy）与赖因（Rein）那样能被视为赫尔巴特教育理论的信徒；然而依靠实证研究的方法，委员会和这些会议对赫尔巴特学派主要学说之一——学习的协调与相关性，给予了高度的肯定。科学专题会议展示了对观察和实验进行准确的文字描述会如何促进学生习得清晰、简明的英语文风；历史学专题会议希望该学科始终与地理的学习相结合，地理专题会议亦然；英语专题会议明确要求对母语及其文学的学习应当辅以英语为母语的民族的历史与地理的学习。

忽略会议宣布的众多细节问题，单就上述要点而言，我们得到了大量正确反映核心问题的教育理论，这些理论可以运用于不同的学校和不同的教育阶段。不论会议的建议多么详细，学校校长、具体学科的教师以及教育学专业的学生将认真考虑每一项建议，但是普通读者和聪明的父母最希望的是得到一个普遍认同的意见。这个问题在上述会议报告的概要中已经大致得到了解答。

仔细研究几份会议报告，并基于这些报告提出对美国普适的建议，这对十人委员会来说是这项任务中较困难的一部分。为了更具体可行，任何建议必须包含一份显示一所学校如何安排教学大纲的进度表，以便落实委员会的设想。委员会给出了4份这样的进度表或表格，讲述了教学大纲是什么。尽管这些进度表或表格并不完美，但很有启发性。第一张表格（表1）并非一个方案，而是根据主题与学年，对9场会议所有建议的有序排列，它为许多方案提供了素材。第二张表格（表2）用于检验会议提出的建议的实用性，它将建议囊括在了一个4年的课程中，并附有每门学科每周分配的课时。在做完这些以后，我们发现四分之三的课程远远超过任何一个学生可以达到的水准，但是没有超过学校可以教授的水准，这是很重要的一点。必然的结果是，学生在高等学校必须在学业上做出选择。在一所规模较小的学校，这样的选择将由校长做出，他会说："如果教职员工都听我指挥的话，我也只能尝试开设会议建议的5门学科。我的学校因而将会仅局限于这5门学科。"规模更大、更富足的学校可以开设更多学科，甚至可能开设所有学科，之后由学生来选择学习什么学科。正如十人委员会谨慎地指出的那样，这样的选择对培养学生能力的全面性，以及对相差无几的知识进行区分的能力是十分必要的。对任何一门主要学科而言，为了实现它的训练价值，学生都必须进行若干年的、每周3—5次的学习。

委员会的第三张表格建立在第二张表格的基础之上。除了学习新语言的第一年外，"4"被定为每门学科每周学习时间的标准数量。没有必要进一步描述这张表格。

委员会提供的第四张表格很有意思，因为委员会在经过认真商议之后，对会议提供的所有资料和建议做出了自己的选择，并呈递了中等教育工作的标准大纲样本。如果无视这一问题——将涉及极小细节的具体大纲交给任何一位校长或学校负责人，那就会是一个严重的错误。十人委员会本身就强烈反对这样的观点，因为委员会认为，为了公平分配相关学科的比例，每一门主要学科都应该进行充分且广泛的教学，这是很有必要的，因此必须要在大纲中对此作出适当的规定。正如委员会所言：“通过给定年份或半个学年中每周分配的背诵课时的数量，来判断各个学科教学的数量，这样的方法就某些方面来说是不恰当的，因为它忽视了授课期间教学的广度和强度；但就现状而言，这种方法是可靠且有益的。它较准确地体现了一所学校在一门规定的学科上作出的时间分配，因此也体现了学校对该学科的重视程度。假设学生可以自由地接受给定学科的所有教学，其投入该学科的全部学时的比例也能通过上述方法得以体现。所有经验表明，得到重视的学科占有大量的周课时，而不受重视的学科则占用较少。此外，如果大纲中对一门给定的学科分配的时间不足，无论其教学质量多高，该学科的训练价值也无法体现。”

在制定具有启发性的大纲过程中，十人委员会提出了一些有重要意义的基本原则。第一个原则是，委员会尽可能地将学生在一门古典课程和一门被称为“拉丁语—科学”的课程之间做出重要选择的时间向后推迟。通常这个选择决定了一个学生未来的生涯。更重要的是，不仅在学校课程的后期，而且在未来涉足所有重要的、可以展现自己爱好和素质的知识领域，学生都要做出这个选择。第二个原则是，中学每年的课程应该尽可能完整，而不是完全依赖于接下来的课程。这一点很有必要，因为数以千计的学生将在一两年后被迫离开高中，因此在此期间，语言、历史、数学和科学学科应该以一种适当的方式呈现给他们。同样重要的是，学校应该作出规定，让每一门学科可以以同样的方式呈现给学习这门学科的所有学生；每一门学科都有足够的时间让学生从中得到学科所提供的训练；在时间分配方面，不同的主要学科应当处于一个大致平等的地位；排除所有仅仅为提供知识而开设的短期课程；每个主要学科的教学（语言、历史、科学和数学）要有连续性。遵循上述原则，十人委员会构建了4份样本大纲，它们的标题根据每个大纲里外语课程的数量和特点来命名。

每周学校学习最多不超过20个课时，十人委员会将两个条件牢记在心：第一，这20个课时中至少有5个课时应该用来做事先未准备的工作；第二，在有必要进行拓展的时候，实验学科应该占2倍课时。然而，诸如音乐、绘画和演讲这些中学里常见的学科，被有意地从大纲中省略了。这些实验学科将由地方当局来决定该如何引入。

表1　9场会议建议课程周课时安排

学年	I 古典课程 三门外语(一门现代外语)	Ⅱ 拉丁语—科学课程 两门外语(一门现代外语)
1	拉丁语……………………5课时[①] 英语……………………4课时 代数……………………4课时 历史……………………4课时 自然地理学………………3课时 20课时	拉丁语……………………5课时 英语……………………4课时 代数……………………4课时 历史……………………4课时 自然地理学………………3课时 20课时

① 周课时。

续表

学年	Ⅰ 古典课程 三门外语(一门现代外语)	Ⅱ 拉丁语—科学课程 两门外语(一门现代外语)
2	拉丁语……5课时 英语……2课时 德语[①](或法语)入门……4课时 几何……3课时 物理……3课时 历史……3课时 20课时	拉丁语……5课时 英语……2课时 德语(或法语)入门……4课时 几何……3课时 物理……3课时 植物学或动物学……3课时 20课时
3	拉丁语……4课时 希腊语[②]……5课时 英语……3课时 德语(或法语)……4课时 数学 代数,2课时 几何,2课时 } ……4课时 20课时	拉丁语……4课时 英语……3课时 德语(或法语)……4课时 数学 代数,2课时 几何,2课时 } ……4课时 天文学(半年)和气象学(半年) ……3课时 历史……2课时 20课时
4	拉丁语……4课时 希腊语……5课时 英语……2课时 德语(或法语)……3课时 化学……3课时 三角函数和高等代数,或历史 ……3课时 20课时	拉丁语……4课时 英语 古典英语,2课时 额外,2课时 } …4课时 德语(或法语)……3课时 化学……3课时 三角函数和高等代数,或历史 ……3课时 地质学或自然地理(半年)、解剖学、生理学和卫生学(半年) ……3课时 20课时

① 如果当地舆论或学校传统更希望教给学生足够的希腊语，或学校的希腊语教得比现代语言好，那么在古典课程大纲中的第二学年，可以用希腊语代替德语或法语。

表2 大学4年制课程结构与各学科周课时安排

学年	Ⅲ 现代语言 两门外语(都为现代)	Ⅳ 英语 一门外语(古代或现代)
1	法语(或德语)入门……5课时 英语……4课时 代数……4课时 历史……4课时 自然地理学……3课时 20课时	拉丁语或德语或法语……5课时 英语……4课时 代数……4课时 历史……4课时 自然地理学……3课时 20课时
2	法语(或德语)…… [1] 英语……2课时 德语(或法语)入门……5课时 几何……3课时 物理……3课时 植物学或动物学……3课时 20课时	拉丁语或德语或法语…3或4课时 英语……3或5课时[2] 几何……3课时 物理……3课时 历史……3课时 植物学或动物学……3课时 20课时
3	法语(或德语)……4课时 英语……3课时 德语(或法语)……4课时 数学 代数,2课时 } 几何,2课时 } ……4课时 天文学(半年)和气象学(半年) ……3课时 历史……2课时 20课时	拉丁语或德语或法语……4课时 英语 其他学科中的英语,3课时 } 额外,2课时 } 5课时 数学 代数,2课时 } 几何,2课时 } ……4课时 天文学(半年)和气象学(半年) ……3课时 历史 拉丁科学史,2课时 } 额外,2课时 } …3课时[3] 30课时[4]

① 原文缺漏课时数，根据上下文，这里应该是4课时。——译者注
② 原文为3或5课时，根据上下文，这里应该是3或4课时。——译者注
③ 原文为3课时，根据上下文，这里应该是4课时。——译者注
④ 原文为30课时，根据上下文，这里应该是20课时。——译者注

续表

学年	Ⅲ 现代语言 两门外语(都为现代)	Ⅳ 英语 一门外语(古代或现代)
4	法语(或德语)…………3课时 英语 古典英语,2课时 额外,2课时 }…4课时 德语(或法语)…………4课时 化学……………………3课时 三角函数和高等代数,或历史 ……………………3课时 地质学或自然地理(半年),以及解剖学、生理学和卫生学(半年)………………3课时 20课时	拉丁语或德语或法语 … 4课时 英语 古典英语,2课时 额外,2课时 }…4课时 化学……………………3课时 历史……………………3课时 三角函数和高等代数……3课时 地质学或自然地理(半年),以及解剖学、生理学和卫生学(半年) ……………………3课时 20课时

检查结果将会显示，一所学校为了经济地实施这份大纲，它进行了怎样精心的安排。除了极少的例外，几门学科同时在至少四分之三的大纲中出现，并且被分配了同样数量的周课时。从实践的角度来看，这是一项最为重要的安排。学校遵循了所有语言会议制定的规则，即不允许学生同时学习两门外语，并将外语学习时间压缩为4年。对这些规则的遵守也带来了一些问题。因此，设计一个6年的大纲会更容易些。

对委员会制定的大纲的批判性检验揭露了一个最为严重的问题，即古典学科没有提供连续的科学课程，因为这个重要学科在第三学年中根本就没有出现。历史课程也受到了同样的干扰，而且如果学生在第四学年继续选择历史，那么数学课程也将会有中断。我认为，这个难题在于我们试图将历史课程放入一个为期4年的古典课程当中。如果教学得当的话，这些经典本身就能够以一种极好的方式讲授历史。大量的历史知识都是围绕凯撒(Caesar)、西塞罗和维吉尔、色诺芬（Xenophon）与荷马等作者的作品展开的，他们的作品在中学很常见。那些认为自己教授历史的老师，通过更彻底地学习上述作者的作品，获得了丰富的历史知识。从另一方面来看，如果将历史课从中学完全剔除，那么在中学的第一学年，空出来的时间可以开始学习一门现代语言；到第二学年，扩充英语课的课程量；在这一过程中，科学课也不需要中止。

其他大纲中也存在缺陷，但是它们不如刚才在古典大纲中指出的缺陷那样引人注目。例如，拉丁语—科学或现代语言大纲中的历史课程没有连续性。在这两个大纲中，如果学生选择了历史课程，那他的数学课程也会有中断。

下列表格初步揭示了这四个大纲与中学学习的四个重要部分之间有怎样的关系。这几张表格中的数字显示了这四个大纲中，四个学年里每一门主要学科规定的周课时总数。委员会提议，把中学教育的52.5%的时间分配给语言学习，或者加上历史，将中学教育的62.6%的时间分配给所谓的人文学科，这样的方案算不上激进。正如表3所示，这可能是遵循委员会建议的结果。

表3　4学年每门学科周课时总数（单位：课时）

	古典	拉丁语—科学	现代语言	英语	合计
语言	50	42	42	34	168
历史	7	6	6	14	33
数学	14	14	14	14	56
自然科学	9	18	18	18	63
合计	80	80	80	80	320

表3显示了另外一些有趣的事实。它显示了拉丁语—科学课程与现代语言课程之间的联系是何等的紧密，以及自然科学在修订后的方案中究竟占了多大的比重。科学专题会议要求自然科学

课程占全部上课时间的四分之一，虽然在3份大纲中已经接近这一要求，但这在任何一份大纲中都没有得到真正落实。

尽管报告本身没有参照欧洲的经验或实践，但将委员会的建议与欧洲中等教育的大纲进行比较是非常有趣的。例如，就德国文科中学来说，它的三年级和二年级差不多同美国中学的学年相吻合，而且法国国立中学的五、四、三、二年级同美国中学之间也存在同样的关系。表4、表5呈现了这些教育机构的课时划分。

表4　德国文科中学课时安排（单位：课时）

学科	三年级上	三年级下	二年级上	二年级下	合计
宗教	2	2	2	2	8
德语	2	2	3	3	10
拉丁语	7	7	7	6	27
希腊语	6	6	6	6	24
法语	3	3	3	2	11
历史和地理	3	3	3	3	12
数学	3	3	4	4	14
博物学、物理和化学	2	2	2	2	8
合计	28	28	30	28	114

表5　法国国立中学课时安排（单位：课时）

学科	五年级	四年级	三年级	二年级	合计
法语	3	2	2	3	10
拉丁语	8	5	5	5	23
希腊语	2①	6	5	5	18
其他正在使用的语言	1.5	1.5	1.5	2.5	7

① 希腊语直到下学期才开始学习，在此之前每周学校有10课时的时间教授拉丁语。

续表

学科	五年级	四年级	三年级	二年级	合计
历史	1.5	1.5	1.5	1.5	6
地理	1	1	1	1	4
数学 自然科学	1.5[①]	1.5	3	1.5	7.5
合计	18.5	18.5	19	19.5	75.5

我们立刻就可以看出，在时间方面，相比于美国学生，德国学生被要求做的功课要多得多，但这个差异并不像它看起来的那样大，因为学校之外的“学习课程”在德国教育中并不像在美国教育中那样是一个突出的特征。法国学生在现行修订的大纲之下，也要完成美国学生被希望完成的功课，但是他们的时间分配不同于美国。法国防止这些“零碎的”课程变得让人无法忍受的具体策略是，为这些课程分配少而长的课时。例如，国立中学的历史课一周只教授一次，但是它连续占用了一个半课时，所以相较于两个每节45分钟的课时，这样能够完成相当多的内容。一般来说，国立中学的背诵时间或上课时间比其他地方通常安排的时间要长很多。

尽管美国提出的古典课程和盛行于欧洲大陆的古典课程之间存在着这些差异，但很明显的是，它们也有相似的地方。如果将这样的比较延伸到包括拉丁语—科学、现代语言和英语在内的其他大纲，人们将会发现它们同法国和德国的大纲有一种相似特征。文科中学和国立中学的高年级相较于美国的中学依旧有很大的优势——它们的课程经过了精心的组织和发展，而且值得信

① 这个时间在岩石及植物观察课程和算术之间作分配。

赖。与之相反，美国的文法学校，或者一些小学的高年级，只是偶尔才会有成效。大量的算术难题、形式语法以及让孩子望而生畏的长串单词拼写课本是一些所谓的文法学校的制胜法宝。人们正艰难而缓慢地夺走它们的这些法宝。人们引入新知识以解释和说明旧知识，用更高级的过程来解释和简化低级过程，并使低级过程变得更为简单。所有这一切都有利于教育的完整性，也容许儿童的智力顺其自然地发展，尽管这些工作通常都是在初等学校里开展的，但儿童的发展却并不仅仅是因为他们接受了初等教育。学生在中学阶段为其功课做了较好的准备。在10年之内，中学可以假设其最年幼的学生已经具备了正确使用简单英语的能力，掌握代数和几何基本原理的知识，以及了解历史上的一些时代或运动，这一切并不是不切实际的。或许学生甚至已经开始学习一门外语了。

因此，从小学的立场来看，十人委员会的理想是合理的，会议提出的任何建议也是切合实际的。从学院的立场来看待这份报告也同样如此，尽管也存在必须进行改革和完善的地方。众所周知，不同学院的入学考试不仅各不相同，而且每年都会有所变化。也许这些考试的难度并不大，一个受过良好教育的17岁学生还是能够考入学院的，但是很多考试的难度太低，以至于受过良好教育的学生在14岁或者在更小年龄时，就可能成功通过学院的入学考试。每个学院能够自主决定其录取考试的范围，而不是就某种政策达成共识，这正在损害美国的高等教育。

我不是指所有学院的录取考试都应该统一，这没有必要。但是，引用报告中的话，“学院和科学学院应该接受所有确实有效地完成了中学课程的男生或女生，这显然是可取的”。如果十人委员会的建议得到了落实，“中学课程的完成”就会有一个明确的意义。中学毕业生会接受4年强效的心智训练，在4种学校大纲中，不管学生接受哪一种训练，学院都可以很有把握地允许他入学。这一步将促进学院和科学学院的衔接，其中一方面是其与中学的衔接。从长远来看，各级教育机构都需要这样的衔接。

问题自然也会出现，如果以后授课的教师所接受的培训没有大的改善，改进措施是否可以有效地落实？针对这个问题只有一种答案，而且这个答案是否定的。但是，从另一方面来说，同10年前相比，现在可以提供给中学教师的训练机会要多得多，也有价值得多。事实上，虽然数百所师范学校，甚至是最好的学校，在这个方面只完成了极少部分对教师的培养，但是学院和大学将会是培养和训练大多数中学教师的地方，它们已经意识到了所要承担的责任。哈佛和耶鲁，哥伦比亚和康奈尔，密歇根和伊利诺伊，科罗拉多和斯坦福，以及其他很多学校已经为教育研究成立了专门的部门，其中有一两个学校已经比欧洲任何类似的部门都更全面地进行了人员配备与器材配置。教育研究活动大规模扩张的效果在接下来的几年中将会被社会普遍认识。与师范学校情况相同，大学一直需要广泛的支持。大学把它们的注意力和精力过多地集中于专门研究，而毫不关心在它们周围发生的事情。师范学校则认为只要学点心理学，解释一些它们也不确定的教学“方法”就足够了，它们忽视了真实文化的广阔领域与研究的相关价值。更好的设施与更多的教师并不能使学院或师范学校从困境里自我解脱。我们只有从整体上充分认识到这些教育机构与整个教育工作之间的关系，才能做到这一点。

最后，针对我们长期以来尊崇的自由教育理念，对其进行旷日持久却真挚的研究究竟带来了什么影响？人们肯定已经注意到在十人委员会的4个大纲中，只有一个为希腊语留有一席之地，与此同时，还有一个大纲将希腊语和拉丁语同时排除在外。确实，委员会所提议的大纲只是理想状态，而且在报告中也明确表达了委员会全体一致的意见："在美国现行的教师培训和必要的教学手段的条件下，分别被称为现代语言和英语的两个大纲，在实践中必定会不如拉丁语和希腊语。"即便如此，在我们对自由教育的构想中，委员会显然能够将现实从突发状况中解脱出来，并且不遗余力地推进现实发展。委员会没有忘记亚里士多德的格言："我们必须带着享受闲暇的态度去研究不同的学术和教育，它们的价值在于其本身。"并且，"很显然，有这样一种教育，家长们不是因为有用或迫不得已而教育孩子，而是因为它自由而高贵。不论它是否只有一种，或不止一种，如果这样的话，知识与教育是什么、应该如何传递，这是随后必须决定的"。这正是委员会做出的决定，这正是每个年龄段甚至每个时代的人必须为自己做出的决定。在古典课程学习时间减少与倒退到半野蛮状态之间，并不存在必然的因果关系。或许美国人不会像包尔生那样对他的同胞们说："如果我们要在多种含义上使用唯心论这个词，从整体上而言，唯心论并不是从外部植入的，而是在内部发展起来的。具体来说，德国人民性格中的唯心论，难道不是有着比我们文科中学里的希腊语和拉丁语课程更深的基础吗？"其他文化要素应该在中等教育中占有合适的位置，这难道不是正确的吗？照这样做随之而来的将会是获得而不是损失，不是吗？

洛厄尔（Lowell）在哈佛大学校庆中有力地表达了一种期望，这种期望不会因为承认更广泛的人类文化基础而落空。每个人都可以接受十人委员会的建议。他说："对于一门语言来说更重要的是，该语言文学的一部分，由于智慧与具象化的美而得以幸存。这一部分因教化特性，以及提升与强化心智的作用而普遍存在。上述这些如果没有成为教学的主要内容，那么我便希望这一切永远不要发生。让人文学科一如既往地保持其重要性。让被称为‘自由’的艺术、激发想象并开启理智的探索，解放现代思想的研究以及同时得到激励与安定的睿智之士，接续传统优势。随着智慧力量的增强，智慧通过韵律和对称，也相应地变得典雅端正。除了教授最重要和最新的科学，还要教授那些让生活变得高贵和丰富的科学……文化的多样性使我们的视野在细节上变得更清晰、更敏锐。最后，科学最高贵的部分是指思想的广度和公正性，它让精神具有普遍意义，使科学能够将我们的学习内容变得更加系统化。通过与其他知识建立真实有益的联系，科学成为真正的知识。”

图书在版编目（CIP）数据

教育的意义 / (美) 尼古拉斯·默里·巴特勒著 ; 祝贺, 江丹译. -- 杭州 : 浙江教育出版社, 2019.12
（新汉译世界高等教育名著丛书. 第一辑）
ISBN 978-7-5536-9881-6

Ⅰ. ①教… Ⅱ. ①尼… ②祝… ③江… Ⅲ. ①高等教育一教育研究一美国 Ⅳ. ①G649.712

中国版本图书馆CIP数据核字(2020)第012280号

责任编辑 傅 越　　美术编辑 韩 波
责任校对 刘晋苏 池 清　　责任印务 陈 沁

新汉译世界高等教育名著丛书(第一辑)
XIN HANYI SHIJIE GAODENG JIAOYU MINGZHU CONGSHU
教育的意义
JIAOYU DE YIYI
[美]尼古拉斯·默里·巴特勒 著　祝贺 江丹 译　於荣 校

出版发行 浙江教育出版社
(杭州市天目山路40号 电话:0571-85170300-80928)
图文制作 杭州兴邦电子印务有限公司
印　　刷 浙江新华数码印务有限公司
开　　本 710mm×1000mm 1/16
印　　张 8.5
插　　页 2
字　　数 114 000
版　　次 2019年12月第1版
印　　次 2019年12月第1次印刷
标准书号 ISBN 978-7-5536-9881-6
定　　价 26.00元

如发现印、装质量问题,影响阅读,请与本社市场营销部联系调换,
电话:0571-88909719